Deus também estava lá

Exílio na Babilônia

Coleção Bíblia em Comunidade

PRIMEIRA SÉRIE – VISÃO GLOBAL DA BÍBLIA

1. Bíblia, comunicação entre Deus e o povo – Informações gerais
2. Terras bíblicas: encontro de Deus com a humanidade – Terra do povo da Bíblia
3. O povo da Bíblia narra suas origens – Formação do povo
4. As famílias se organizam em busca da sobrevivência – Período tribal
5. O alto preço da prosperidade – Monarquia unida em Israel
6. Em busca de vida, o povo muda a história – Reino de Israel
7. Entre a fé e a fraqueza – Reino de Judá
8. Deus também estava lá – Exílio na Babilônia
9. A comunidade renasce ao redor da Palavra – Período persa
10. Fé bíblica: uma chama brilha no vendaval – Período greco-helenista
11. Sabedoria na resistência – Período romano
12. O eterno entra na história – A terra de Israel no tempo de Jesus
13. A fé nasce e é vivida em comunidade – Comunidades cristãs na terra de Israel
14. Em Jesus, Deus comunica-se com o povo – Comunidades cristãs na diáspora
15. Caminhamos na história de Deus – Comunidades cristãs e sua organização

SEGUNDA SÉRIE – TEOLOGIAS BÍBLICAS

1. Deus ouve o clamor do povo (Teologia do êxodo)
2. Vós sereis o meu povo e eu serei o vosso Deus (Teologia da aliança)
3. Iniciativa de Deus e corresponsabilidade humana (Teologia da graça)
4. O Senhor está neste lugar e eu não sabia (Teologia da presença)
5. Profetas e profetisas na Bíblia (Teologia profética)
6. O Sentido oblativo da vida (Teologia sacerdotal)
7. Faça de sua casa um lugar de encontro de sábios (Teologia sapiencial)
8. Grava-me como selo sobre teu coração (Teologia bíblica feminista)
9. Teologia rabínica (em preparação)
10. Paulo, apóstolo de Jesus Cristo pela vontade de Deus (Teologia paulina)
11. Compaixão, cruz e esperança (Teologia de Marcos)
12. Lucas e Atos: uma teologia da história (Teologia lucana)
13. Ide e fazei discípulos meus todos os povos (Teologia de Mateus)
14. Teologia joanina (em preparação)
15. Eis que faço novas todas as coisas (Teologia apocalíptica)
16. As origens apócrifas do cristianismo (Teologia apócrifa)
17. Teologia da Comunicação (em preparação)
18. Minha alma tem sede de Deus (Teologia da espiritualidade bíblica)

TERCEIRA SÉRIE – BÍBLIA COMO LITERATURA

1. Bíblia e Linguagem: contribuições dos estudos literários (em preparação)
2. Introdução às formas literárias no Primeiro Testamento (em preparação)
3. Introdução ao estudo das formas literárias no Segundo Testamento
4. Introdução ao estudo das Leis na Bíblia
5. Introdução à análise poética de textos bíblicos
6. Introdução à Exegese patrística na Bíblia (em preparação)
7. Método histórico-crítico (em preparação)
8. Análise narrativa da Bíblia
9. Método retórico e outras abordagens (em preparação)

QUARTA SÉRIE – RECURSOS PEDAGÓGICOS

1. O estudo da Bíblia em dinâmicas – Aprofundamento da Visão Global da Bíblia
2. Aprofundamento das teologias bíblicas (em preparação)
3. Aprofundamento da Bíblia como Literatura (em preparação)
4. Pedagogia bíblica
   4.1. Primeira infância: E Deus viu que tudo era bom
   4.2. Segundo Infância (em preparação)
   4.3. Pré-adolescência (em preparação)
   4.4. Adolescência (em preparação)
   4.5. Juventude (em preparação)
5. Modelo de ajuda (em preparação)
6. Mapas e temas bíblicos (em preparação)
7. Metodologia de estudo e pesquisa (em preparação)

Serviço de Animação Bíblica - SAB

Deus também estava lá

Exílio na Babilônia
(Aprox. 587/6–538 a.E.C.)

Dados Internacionais de Catalogação na Publicação (CIP)
(Câmara Brasileira do Livro, SP, Brasil)

Deus também estava lá : exílio na Babilônia (aprox. 587/6-538 a.E.C.) / ilustrações
Roberto Melo ; elaboração do texto Romi Auth, Equipe do SAB. – 5. ed. – São
Paulo : Paulinas, 2013. – (Coleção Bíblia em comunidade. Série visão global ; v. 8)

ISBN 978-85-356-3408-2

1. Bíblia - Estudo e ensino   2. Bíblia. A.T. - História de fatos contemporâneos
3. Judeus - História - Cativeiro na Babilônia, 598-515 A.C.   4. Povo de Deus - Ensino
bíblico   I. Auth, Romi.   II. Serviço de Animação Bíblica - SAB.   III. Melo, Roberto.
IV. Série.

12-14802   CDD-220.95

Índice para catálogo sistemático:
1. Povo de Deus : Bíblia : História   220.95

5ª edição – 2013
5ª reimpressão – 2019

Elaboração do texto: *Romi Auth, fsp e Equipe do SAB*
Assessores bíblicos: *Jacil Rodrigues de Brito, José Raimundo Oliva*
Paulo Sérgio Soares, Valmor da Silva,
Cartografia: *Prof. Dr. José Flávio Morais Castro, do*
Departamento de Planejamento Territorial
e Geoprocessamento do igce – unesp
Metodologia: *Maria Inês Carniato*
Ilustrações: *Roberto Melo*
Citações bíblicas: *Bíblia de Jerusalém, São Paulo, Paulus, 1985*

Gratidão especial às pessoas que colaboraram, com suas experiências,
sugestões e críticas, para a elaboração e apresentação final do projeto "Bíblia em comunidade"
na forma de livro e transparências para retroprojetor.

SAB – Serviço de Animação Bíblica
Av. Afonso Pena, 2142 – Bairro Funcionários
30130-007 – Belo Horizonte – MG
Tel.: (31) 3269-3737
Fax: (31) 3269-3729
E-mail: sab@paulinas.com.br

Paulinas
Rua Dona Inácia Uchoa, 62
04110-020 – São Paulo – SP (Brasil)
Tel.: (11) 2125-3500
http://www.paulinas.com.br
editora@paulinas.com.br
Telemarketing e SAC: 0800-7010081

© Pia Sociedade Filhas de São Paulo – São Paulo, 2002

Apresentação

Os volumes da coleção "Bíblia em comunidade" têm o objetivo de acompanhar os que desejam entrar em comunicação e comunhão com Deus por meio da Bíblia, trazendo-a para o centro de sua vida e da comunidade.

Muitas pessoas — e talvez você — têm a Bíblia e a colocam num lugar de destaque em sua casa; outras fazem dela o livro de cabeceira; outras, ainda, a leem engajadas na caminhada de fé de sua Igreja, seguindo sua orientação. Muitas, ao lê-la, sentem dificuldade de entendê-la e a consideram misteriosa, complicada, difícil. Algumas das passagens até provocam medo. Por isso, a leitura, o estudo, a reflexão, a partilha e a oração ajudam a despertar maior interesse nas pessoas; na leitura diária elas descobrem a Palavra como força que as leva a ver a realidade com olhos novos e a transformá-la. O conhecimento, a libertação, o amor, a oração e a vida nova que percebem ao longo da caminhada são realizações de Deus com sua presença e ação.

Esta coleção oferece um estudo progressivo em quatro séries. A primeira, "Visão global", traz as grandes etapas da história do povo da Bíblia: a terra, a região, a cultura, os personagens, as narrativas que falam das grandes etapas da história do povo que a escreveu para mostrar a relação de amor que se estabeleceu entre ele e Deus. À medida que vamos conhecendo a origem e a história do povo, percebemos que a Bíblia retrata a experiência de pessoas como nós, que descobriram a presença de Deus no cotidiano de sua vida e no da comunidade, e assim deram novo sentido aos acontecimentos e à história.

"Teologias bíblicas" são o assunto da segunda série, que estuda aquilo que o povo da Bíblia considerou essencial em sua comunicação com Deus. As grandes experiências de fé foram sempre contadas, revividas e celebradas nos momentos mais importantes da história e ao longo das gerações. O povo foi entendendo progressivamente quem era Deus na multiplicidade de suas manifestações, especialmente nas situações difíceis de sua história.

O título da terceira série é "Bíblia como literatura". Nela são retomados os textos bíblicos de épocas, lugares, contextos sociais, culturais e religiosos diferentes. Vamos estudar, por meio dos diversos gêneros literários, a mensagem, a interpretação e o sentido que eles tiveram para o povo da Bíblia e que nós podemos descobrir hoje. Cada um deles expressa, de forma literária e orante, a experiência de fé que o povo fez em determinadas situações concretas. Os tempos de hoje têm muitas semelhanças com os tempos bíblicos. Embora não possamos transpor as situações do presente para as da época bíblica, pois os tempos são outros, o conhecimento da situação em que os escritos nasceram ajuda-nos a reler nossa realidade com os mesmos olhos da fé.

Por fim, a quarta série, "Recursos pedagógicos", traz ferramentas metodológicas importantes para auxiliar no estudo e aprofundamento do conteúdo que é oferecido nas três séries: "Visão global da Bíblia", "Teologias bíblicas" e "Bíblia como literatura". Esta série ajuda, igualmente, na aplicação de uma Metodologia de Estudo e Pesquisa da Bíblia; na Pedagogia Bíblica usada para trabalhar a Bíblia com crianças, pré-adolescentes, adolescentes e jovens; na relação de ajuda para desenvolver as habilidades de multiplicador e multiplicadora da Palavra, no meio onde vive e atua.

A coleção "Bíblia em comunidade" quer acompanhar você na aventura de abrir, ler e conhecer a Bíblia e, por meio dela, encontrar-se com o Deus Vivo. Ele continua, hoje, sua comunicação, em nossa história, com cada um(a) de nós. Mas, para conhecê-lo profundamente, é preciso deixar que a luz que nasce da Bíblia ilumine o contexto de nossa vida e de nossa comunidade.

Este e os demais subsídios da coleção "Bíblia em comunidade" foram pensados e preparados para pessoas e grupos interessados em fazer a experiência da revelação de Deus na história e em acompanhar outras pessoas nessa caminhada. O importante neste estudo é percebermos a vida que se reflete nos textos bíblicos, os quais foram vida para nossos antepassados e podem ser vida para nós. Sendo assim, as ciências, a pesquisa, a reflexão sobre a história e os fatos podem nos ajudar a não cair numa leitura fundamentalista, libertando-nos de todos os "ismos" — fundamentalismos, fanatismos, literalismos, proselitismos, exclusivismos, egoísmos... — e colocando-nos numa posição de abertura ao inesgotável tesouro de nossas tradições milenares. A mensagem bíblica é vida, e nossa intenção primeira é evidenciar e ajudar a tornar possível essa vida.

Vamos fazer juntos essa caminhada!

Equipe do SAB

Metodologia

Para facilitar a compreensão e a assimilação da mensagem, a coleção "Bíblia em comunidade" segue uma metodologia integral, que descrevemos a seguir.

Motivação

"Tira as sandálias" diz Deus a Moisés, quando o chama para junto de si para conversar (Ex 3,5). Aproximar-se da Bíblia de pés descalços, como as crianças gostam de andar, é entrar nela e senti-la com todo o ser, permitindo que Deus envolva nossa capacidade de compreender, sentir, amar e agir.

Para entrar em contato com o Deus da Bíblia, é indispensável "tornar--se" criança. É preciso "tirar as sandálias", despojar-se do supérfluo e sentir-se totalmente pessoa chamada por Deus pelo nome para se aproximar dele, reconhecê-lo como nosso *Go'el*, nosso Resgatador, e ouvi-lo falar em linguagem humana. A comunicação humana é anterior aos idiomas e às culturas. Para se comunicar, todo ser humano utiliza, ainda que inconscientemente, a linguagem simbólica que traz dentro de si, a qual independe de idade, cultura, condição social, gênero ou interesse. É a linguagem chamada primordial, isto é, primeira: a imagem, a cor, o ritmo, a música, o movimento, o gesto, o afeto, enfim, a experiência.

A escrita, a leitura e a reflexão são como as sandálias e o bastão de Moisés: podem ajudar na caminhada até Deus, mas, quando se ouve a voz dele chamando para conversar, não se leva nada. Vai-se só, isto é, sem preconceitos nem resistências: "como criança", de pés descalços.

Sintonia integral com a Bíblia

O estudo da Bíblia exige uma metodologia integral, que envolva não só a inteligência, mas também o coração, a liberdade e a comunidade.

Com a inteligência, pode-se conhecer a experiência do povo da Bíblia:
- descobrir o conteúdo da Bíblia;
- conhecer o processo de sua formação;
- compreender a teologia e a antropologia que ela revela.

Com o coração, é possível reviver essa experiência:
- entrar na história da Bíblia, relendo a história pessoal e a comunitária à luz de Deus;
- realizar a partilha reverente e afetiva da história;
- deixar que a linguagem humana mais profunda aflore e expresse a vida e a fé.

Com a liberdade, a pessoa pode assumir atitudes novas:
- deixar-se iluminar e transformar pela força da Bíblia;
- viver atitudes libertadoras e transformadoras;
- fazer da própria vida um testemunho da Palavra de Deus.

Com a comunidade, podemos construir o projeto de Deus:
- iluminar as diversas situações da vida;
- compartilhar as lutas e os sonhos do povo;
- comprometer-se com a transformação da realidade.

Pressupostos da metodologia integral

Quanto aos recursos:
- os que são utilizados com crianças são igualmente eficazes com adultos, desde que estes aceitem "tornar-se crianças";
- incentivam o despojamento, a simplicidade e o resgate dos valores esquecidos na vida da maioria dos adultos. As duas expressões elementares da linguagem humana primordial são imagem-cor, movimento-ritmo. Todo recurso metodológico que partir desses elementos encontra sintonia e pode se tornar eficaz.

Quanto à experiência proposta:
A metodologia integral propõe que o conhecimento seja construído não só por meio do contato com o texto escrito, mas também da atualização da experiência. Para isso é indispensável:
- a memória partilhada e reverente da história, do conhecimento e da experiência de cada um dos participantes;
- o despojamento de preconceitos, a superação de barreiras e o engajamento nas atividades alternativas sugeridas, como encenações, danças, cantos, artes.

Recursos metodológicos

Para que a metodologia integral possa ser utilizada, a coleção "Bíblia em comunidade" propõe os seguintes recursos metodológicos:

a) Livros

Os livros da coleção trazem, além do conteúdo para estudo, as sugestões de metodologia de trabalho com os temas em foco. Podem ser utilizados de várias formas: em comunidade ou em grupo, em família ou individualmente.

1. Partilha comunitária

Pode reunir-se um grupo de pessoas, lideradas por alguém que tenha capacitação para monitorar a construção comunitária da experiência, a partir da proposta dos livros.

2. Herança da fé na família

Os livros podem ser utilizados na família. Adultos, jovens, adolescentes e crianças podem fazer a experiência sistemática de partilha da herança da fé, seguindo a metodologia sugerida nas reuniões, como se faz na catequese familiar.

Na modalidade de estudo em comunidade, em grupo ou em família existem ainda duas opções:

- *Quando todos possuem o livro*. O conteúdo deve ser lido por todos, antes da reunião; nela se faz o mutirão da memória do que foi lido e o(a) líder coordena a síntese; depois se realiza o roteiro previsto nas sugestões metodológicas para o estudo do tema.
- *Quando só o(a) líder tem o livro*. Fica a cargo do(a) líder a prévia leitura e síntese do conteúdo, que será exposto ao grupo. Passa-se a seguir o roteiro previsto nas sugestões metodológicas para o estudo do tema.

3. Estudo pessoal dos livros

Embora a coleção dê ênfase ao estudo da Bíblia em comunidade, os livros podem ser utilizados também por pessoas que prefiram conhecê-la e estudá-la individualmente, seguindo os vários temas tratados.

b) Recursos visuais

Para que se realize a metodologia integral, são indispensáveis mapas, painéis e ilustrações, indicados nos roteiros de estudo dos temas, sempre que necessário. Os recursos seguem alguns critérios práticos:

- os mapas se encontram nos livros, para que as pessoas possam colori-los e visualizá-los;
- esses mapas foram reproduzidos em transparências para retroprojetor;
- outros recursos sugeridos nos roteiros podem ser produzidos segundo a criatividade do grupo.

Roteiro para o estudo dos temas

Os encontros para o estudo dos temas seguem um roteiro básico composto de quatro momentos significativos. Cada momento pode ter variantes, como também a sequência dos momentos e os recursos neles usados nem sempre são os mesmos. Os quatro momentos são:

1. *Oração*: conforme a criatividade do grupo.
2. *Mutirão da memória*: para compor a síntese do conteúdo já lido por todos ou para ouvir a exposição feita pelo(a) líder.
3. *Partilha afetiva*: memória e partilha de experiências pessoais que ilustrem os temas bíblicos que estão sendo trabalhados.
4. *Sintonia com a Bíblia*: leitura dos textos indicados, diálogo e síntese da experiência de estudar o tema e sua ressonância em nossa realidade. Cabe ao(à) líder mostrar os pontos essenciais do conteúdo. Quanto ao desenvolvimento, pode ser assessorado por equipes: de animação, de espiritualidade, de organização.

Cursos de capacitação de agentes para a pastoral bíblica

O Serviço de Animação Bíblica (SAB) oferece cursos de capacitação de agentes que desejam colaborar na formação bíblica em suas comunidades, paróquias e dioceses. Os cursos oferecem o aprofundamento dos temas a partir da coleção "Bíblia em comunidade" e a realização de atividades que possibilitem uma análise de conteúdos a partir das diversas linguagens de comunicação, como: vídeo, teatro, métodos de leitura bíblica e outros.

Introdução

Este é o oitavo volume da primeira série da coleção "Bíblia em comunidade". Nele você verá que Deus sempre foi fiel ao povo, no entanto este teve seus altos e baixos, e, como todos os povos, viveu momentos de crise e de falta de identidade. Um dos períodos mais difíceis e dolorosos foi o exílio, quando Jerusalém e o Templo foram destruídos, o povo perdeu a terra e foi deportado. Os cinco temas deste livro abordam esse período da história bíblica, que trouxe tanto sofrimento, mas que também foi motivo de renovação e retomada da fidelidade a Deus.

O primeiro tema é "Migrante e exilado, o povo sofre por saudade de Deus", e mostra por que e como a população do reino do Sul foi levada para a Babilônia, e o que aconteceu na vida dos exilados, sem o Templo e sem a liturgia.

"Identidade de Israel: o amor à Torá de Moisés" é o segundo tema. Aborda a experiência que tiveram os que permaneceram na terra do reino do Sul. Eles perceberam que o essencial para poder sobreviver em um momento tão difícil era a fidelidade a Deus por meio da herança recebida dos antepassados. Assim, formaram-se comunidades ao redor do livro da Torá nas sinagogas, que, em parte, substituem o Templo destruído.

"Deus também estava lá" é o terceiro tema, o qual estuda o período do exílio não só na Babilônia. Se os exilados sofriam pela distância de Jerusalém, os que ficaram sofriam mais ainda, por ver as ruínas de tudo o que tinham de mais sagrado. Mas, tanto num lugar como noutro, conseguiram descobrir que Deus não os abandonara.

O quarto tema, "A Bíblia nasceu do olhar iluminado sobre a história", apresenta os livros bíblicos que foram escritos durante o período do exílio. A partir da ajuda dos profetas e dos líderes, o povo passa a olhar para trás e repensar toda a história de sua fé, desde o tempo dos primeiros patriarcas e matriarcas. Desse olhar reflexivo, nascem os escritos da Bíblia.

A esperança dos exilados é retratada no quinto tema, "Deus fará das ruínas um jardim: escritos do exílio na Babilônia". Eles, animados pelos profetas, tinham certeza de que Deus não ficaria insensível a seu esforço de fidelidade, e os reuniria novamente em Jerusalém, como um povo renovado.

Entre frustrações e esperanças, fraquezas e fidelidade, o povo do Sul vive sua amarga experiência de exílio, e se afirma na identidade de povo guardião da fé e dos escritos da Bíblia.

Este volume reproduz a experiência de pessoas, povos, que, como o povo da Bíblia, resistem às intempéries do tempo e da história e sobrevivem pela fé. É a história de todos nós, iluminada com o olhar de Deus.

1º tema
Migrante e exilado: o povo sofre de saudade de Deus

Toda mudança causa uma certa insegurança. O novo assusta. Não se sabe em que vai dar. Como se sentem pessoas, famílias e povos inteiros constrangidos à mudança, seja pela necessidade de sobrevivência, seja por serem desalojados muitas vezes pela opressão e pela injustiça dos poderosos de ontem e de hoje?!

Retomando o caminho feito

Com o exílio da Babilônia acabou o período da monarquia em Israel. Houve um tempo em que a monarquia estendia-se sobre as 12 tribos de Israel. Esse período é conhecido como Monarquia Unida sob os reis Saul, Davi e Salomão. Durou quase um século, por volta de 1030 a 931 a.E.C. Após a morte de Salomão, o reino unido dividiu-se em dois. O reino de Israel, ao norte, formado por dez tribos, teve sucessivamente três cidades como capitais: Siquém, Tersa e Samaria. Durou pouco mais de dois séculos e terminou com a invasão da Assíria por volta de 718 a.E.C.

O reino de Judá durou aproximadamente de 931 a 587/6 a.E.C. Tinha sua sede em Jerusalém. Era formado por apenas duas tribos: Judá, Simeão e parte do território da tribo de Benjamim. Era conhecido por reino de Judá porque a tribo de Judá absorveu as demais.

Esse reino era bem menor que o de Israel, mas durou quase três séculos e meio. Terminou em 587/6 a.E.C. sob o domínio da Babilônia. A experiência do exílio vivida pelo reino do Sul foi mais forte e marcante do que a experiência similar vivida, muito antes, pelo reino do Norte, Israel. A experiência da dispersão dos israelitas pelo império assírio acabou sendo perdida, mas a experiência do exílio na Babilônia foi conservada na memória do povo de Judá até hoje, por meio de seus escritos.

Muitas foram as causas dos exílios do povo de Israel no decorrer de sua história: o clima, a posição geográfica, a expansão territorial dos povos vizinhos, o serviço militar, a busca de melhores condições econômicas, a perseguição e outras. O *clima* obrigou muitas vezes o povo a sair de sua terra em busca de sobrevivência, na superação da fome (Gn 12,10; Rt 1,1.6). A *posi-*

Migrante e exilado: o povo sofre de saudade de Deus

ção geográfica de Israel — como corredor de passagem — favorecia o intercâmbio com outros povos e continentes (Ex 3,8). Com a *expansão territorial, os impérios vizinhos* exerceram sucessivamente seu domínio político sobre a região de Canaã: a *Assíria* (722-605), a *Babilônia* (605-538), a *Pérsia* (538-333), a *Grécia* (333-305), os *Lágidas do Egito* (305-198), os *Selêucidas da Síria* (198-63) e, por fim, *Roma* (de 63 a.E.C. a 135 E.C.), o período que nos interessa. Todos esses impérios expulsaram e deportaram parte da população. O *serviço militar* obrigatório como mercenários era exigido pelos impérios estrangeiros. De alguns recebiam como recompensa favores e terras no seu território. Por exemplo, a colônia Elefantina, no Egito, pertencia a militares judeus aposentados. A busca de *melhores condições econômicas* em outros países. Muitas famílias conseguiram, dessa forma, uma boa situação econômica.[1] Por fim, a *perseguição religiosa,* sobretudo no período dos Selêucidas, levou muitos israelitas a saírem de sua terra.

O exílio espontâneo ou forçado é uma experiência que marca não só Israel, mas grande parte da população de todos os povos e tempos em contextos similares. No Brasil, os exílios mais conhecidos e frequentes foram motivados por razões políticas no tempo da ditadura militar e pelas condições econômicas. Poucos são os exílios espontâneos.

Exílios forçados

Grande parte do povo brasileiro carrega a experiência do exílio espontâneo ou forçado. Você mesmo, ou pessoas que você conhece, moram hoje no lugar onde nasceram? O que foi que motivou sua mudança? O regime da ditadura militar (1964-1984) provocou muitos exílios políticos. Muitos cidadãos mais conscientes e críticos foram constrangidos a sair do Brasil e a pedir asilo político em outros países. Em número maior, porém, foram e são os exílios provocados por razões econômicas e sociais. Estas tendem a se agravar à medida que avança o processo da globalização da economia e a qualificação da mão de obra. O desemprego é a tendência crescente em todo o mundo e faz com que surjam novos fluxos migratórios, em volume cada vez maior, fruto de uma economia globalizadora.

---

[1] Cf. Tb 1,12-14; Est 2,15-17; 6,11.

O que é a globalização da economia? É a centralização da economia nas mãos do sistema manipulado pelos países ricos. Ela visa facilitar a livre circulação de mercadorias e de capitais. Faz crescer ao mesmo tempo as manifestações de racismo, de xenofobia (= aversão a pessoas e coisas estrangeiras) e a preocupação crescente com os "indesejados" que procuram esses países. Essa situação faz nascer uma política restritiva à imigração de estrangeiros e, como consequência, gera mão de obra clandestina. Chegamos a ter aproximadamente de 610 mil brasileiros nos EUA e mais de 170 mil no Japão.

Entre o Brasil e os países limítrofes, o fluxo de migração é muito grande. Nós conhecemos o caso dos brasileiros do sul que migraram para o Paraguai, cerca de 400 mil, na década de 1960. Muitos retornaram na década de 1980 e são conhecidos como brasiguaios. No passado vieram da Europa e da Ásia grandes fluxos migratórios. A concentração maior desses imigrantes está no centro e sul do país.

Migrantes exilados na própria pátria

Nas décadas de 1960 e 1970, o fluxo migratório interno foi muito intenso em nosso país. Cerca de 28,5 milhões de pessoas migraram do campo para a cidade. Famílias inteiras se deslocaram de uma região a outra em busca de melhores condições de vida. Muitos deixaram a terra por falta de incentivo e apoio ao pequeno e médio agricultor. Grande parte desses migrantes integrou os bairros periféricos das grandes cidades, em precárias condições, e outros integraram os cinturões de favelas que circundam os grandes centros urbanos. A política econômica agrária prioriza as grandes empresas pecuárias e agropecuárias, o mercado externo, o lucro, a mono-cultura, a mecanização, os projetos faraônicos, o neoliberalismo. Essa política não oferece melhores condições de vida, moradia, saúde, educação, alimentação e lazer à população mais carente.

A migração interna cresce com a crise econômica provocada pela tecnologia, que vai ocupando gradualmente o lugar da mão-de-obra, reduz custos, aumenta a produtividade e melhora, aparentemente, a qualidade dos produtos. Mas as consequências para a população são negativas, porque causam o desemprego, a violência, a desigualdade social. É um círculo vicioso que aumenta as causas que levam as pessoas a migrar e que diminui as perspectivas de encontrar trabalho.

Essa situação está gerando um novo grupo social: os itinerantes. Eles surgem das camadas sociais mais pobres da população que, desempregados e impedidos de fixarem raízes em muitas cidades brasileiras, tendem a se transformar em "andarilhos", sem nenhuma referência. Se, por um lado, o Brasil tem um enorme potencial de riquezas naturais, minerais, vegetais, e sua produtividade o aproxima do primeiro mundo, por outro, cresce o desemprego e aumentam as novas formas de migração como a itinerância. Isso faz com que o migrante, sem terra, sem casa, seja considerado um invasor e, como tal, deva ser banido.[2]

A experiência do exílio marcou o povo de Israel e continua marcando o povo de ontem e de hoje como forma de violência que desenraíza as pessoas do seu contexto e as transpõe para uma realidade desconhecida e não menos desafiadora. Vejamos como o povo da Bíblia enfrentou e sobreviveu à experiência do exílio.

A potência babilônica destrói o reino de Judá

Depois da Assíria, a Babilônia começou a destacar-se no cenário internacional. Já em 597 a.E.C., Nabucodonosor sitiou Jerusalém, a capital do reino de Judá, e a tomou em 16 de março do mesmo ano. Aprisionou o rei Joaquin, seus familiares e toda a corte. Além deles, deportou para a Babilônia todos os ferreiros e artífices, e deixou em Judá só a população mais pobre. Saqueou o Templo de Jerusalém e o palácio real (2Rs 24,10-17), e levou os utensílios sagrados. Substituiu o rei Joaquin por seu tio Matanias, cujo nome mudou para Sedecias.

Havia em Judá uma grande divisão interna em que, dos diversos partidos, uns eram a favor do Egito (2Rs 23,31-35; Jr 37,6-7), outros da Babilônia (2Rs 24,17; Jr 38,19; 19,11-12). Sedecias e o profeta Jeremias posicionaram-se a favor da Babilônia. Jeremias tinha consciência de que o povo não podia morrer, pois tinha uma missão a cumprir. Por isso, pedia ao povo que não fizesse resistência (Jr 27,10-12). Isso não quer dizer que Jeremias aprovasse a política da Babilônia. Também ela um dia seria subjugada (Jr 27,7). Mas era para impedir um mal maior, o extermínio do povo. Além disso, na memória de todos conservavam-se dois traumas: a destruição de

---

[2] Cf. Basseggio, L. O quadro migratório do Brasil. In: *Estudos e Reflexões da CNBB*. Conjuntura Social e Documentação Eclesial, n. 323 (Disponível no site: http//www.cnbb.org.br).

Samaria, em 722, que tentou resistir à Assíria mas foi aniquilada e nunca mais se refez (2Rs 17,5-6), e a morte do rei Josias, em 609 a.E.C., ao se opor à passagem do exército egípcio pelo seu território (2Rs 23,29-30). Diante desses dois fatos, o povo ficou perdido, sem saber qual posição tomar (Jr 26,11.16.24).

E mesmo que Sedecias, o último rei de Judá, adotasse a linha babilônica, não tinha segurança em seus atos. Em diversos momentos consultou Jeremias para saber o que deveria fazer (Jr 37–38). Mesmo sendo indeciso, salvou a vida do profeta. Por outro lado, era incapaz de impedir que fosse feito algum mal a Jeremias e nem mesmo conseguia convencer os grupos divididos a adotar sua opção política. Insatisfeito com a submissão à Babilônia, formou uma coligação antibabilônica instigado pelo Egito, que desejava alcançar a Ásia. O plano não deu certo. Sedecias temeu uma repressão maior e, antes que a Babilônia viesse exigir seus direitos, enviou uma embaixada ao rei para renovar sua submissão (Jr 29,3-32).

Não demorou muito para Sedecias, mesmo à revelia dos conselhos de Jeremias, partir para uma segunda tentativa de coligação antibabilônica com o Egito e os países vizinhos, Tiro, Amon e Edom (Ez 17,15; 21,24-25). Outra vez não foi bem-sucedido. O exército da Babilônia cercou Jerusalém[3] em 587 e a invadiu antes que chegasse o apoio do Egito.[4] Sedecias foi derrotado nas proximidades de Jerusalém. A cidade, os muros, as fortalezas foram destruídos e saqueados. O Templo foi incendiado e a mesma sorte coube a muitas localidades de Judá (cf. mapa n. 24).

Sedecias tentou fugir com a família, mas foi capturado (Jr 39,1-7; 52,6-11; 2Rs 25,3-7). Seus familiares foram mortos, e ele foi cegado e levado para a Babilônia, onde desapareceu. Com o rei, foi deportado um pequeno grupo, bem menor do que o de 597,[5] pois muitos haviam morrido no combate, outros de fome, pela peste e um grande número foi degolado pelos vencedores. Por volta de 582, o profeta Jeremias refere-se a uma outra deportação da qual tomamos

---

[3] Cf. 2Rs 25,1-8; Jr 52,1-5; 2Cr 36,14-21; Jr 39,1-14.

[4] Cf. Jr 37,5-10; Ez 24,1-2; Lm 4,17.

[5] Cf. SCHWANTES, M. *Sofrimento e esperança no exílio*. São Paulo, Paulus, 1987. p. 29. Em 598/7 teriam sido deportados um total de 10 mil pessoas entre militares e funcionários do Estado. Em 587, o total de deportados não teria chegado a mil pessoas. A deportação de 582, da qual nos informa apenas Jeremias (52,30), embora discutida, também não chegaria a mil pessoas.

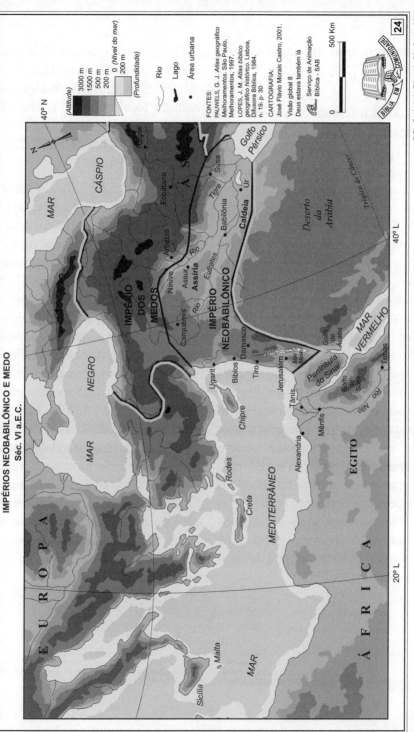

conhecimento por meio do seu livro (Jr 52,30).

A política da Babilônia era menos violenta do que a da Assíria

Toda forma de dominação agride a dignidade e a liberdade humanas. Mas existem alguns métodos que são mais violentos do que outros. A Babilônia foi menos violenta com os países dominados por ela do que a Assíria.[6] Esta impunha sanções severas aos países vassalos que variavam segundo as faltas. Na primeira rebelião a punição era feita com o aumento dos tributos. No caso de uma nova tentativa de rebelião, os assírios intervinham com a força militar. Na terceira tentativa, o soberano local era deposto e substituído por um governador assírio. Deportava-se um número elevado da população nativa para evitar novos focos de rebeliões. Os deportados eram espalhados pelas cidades do império, e outros povos eram trazidos para o local. Foi o que aconteceu com os israelitas do reino do Norte (2Rs 17,24).

Os babilônios, ao contrário dos assírios, nomearam no lugar do rei Sedecias um governador da nobreza local de Judá, chamado Godolias. Ele foi constituído governador da província de Judá (2Rs 25,22; Jr 40,7s).

E Jeremias? As informações a respeito da sua sorte são desencontradas. As narrativas devem apresentar lacunas, pois no seu livro, em Jr 39,14, o profeta é libertado em Jerusalém, "do pátio da guarda", e logo em seguida, no Jr 40,1, ele aparece novamente entre os prisioneiros na cidade de Ramá, que estão sendo levados para o cativeiro da Babilônia. Segundo as informações de Jr 39,11-12, foi-lhe dada a possibilidade de escolher entre ficar em Judá ou seguir para a Babilônia. Ele escolheu a permanência junto a Godolias, governador da região, e morou com ele em Masfa (Jr 40,6). Com a morte de Godolias, a situação piorou. O texto não deixa claro qual foi o paradeiro de Jeremias. A tradição nos informa que ele teria sido levado para o Egito, onde terminou sua vida.

---

[6] Documentos dos cronistas assírios revelam a prática de torturas como: esfolamento em vida, empalação, amputação das orelhas, do nariz, dos órgãos genitais e aprisionamento das vítimas mutiladas em gaiolas para servirem de exemplo às cidades que ainda não tinham se rendido. A Bíblia não faz referência a essas torturas porque os exilados do reino de Israel não conservaram por escrito a memória da experiência do seu exílio. Ou talvez não tenham chegado até nós.

Roteiro para o estudo do tema

1. Oração inicial
Conforme a criatividade do grupo.

2. Mutirão de memória
Compor a síntese do conteúdo já lido por todos no subsídio. Caso as pessoas não tenham o subsídio, ficará a cargo do(a) líder expor a síntese.

Recurso visual
Improvisar uma encenação: um pai ou mãe de família procurando trabalho. Fala com cada uma das pessoas do grupo e se dispõe a fazer qualquer coisa, mas todos se justificam de um modo, dizendo que não têm condições de ajudar.

3. Partilha afetiva
Em grupos ou no plenário, dialogar:
- Já fizemos a experiência de procurar trabalho e não conseguir?
- Como a gente se sente em uma situação assim?
- Conhecemos pessoas que deixaram a família e foram para longe em busca de trabalho para sobreviver?

4. Sintonia com a Bíblia
Ler 2Rs 24,10-17.

O império opressor destrói Jerusalém, arranca o povo de sua terra e o leva para o exílio.

Diálogo de síntese
- O que uma pessoa pode sentir quando vê sua casa destruída?
- O que o exílio do reino do Sul tem de semelhante com os exílios do povo brasileiro?
- Qual é a Babilônia de hoje?

Lembrete: para a próxima reunião, cada um traga um fruto da terra: legume, fruta, cereal etc., de preferência cultivado em horta própria. Trazer também um pedaço de madeira seca e um ramo verde para fixar nela, como se fosse um broto novo.

2º tema
Na angústia da destruição, surge a esperança de sobreviver na terra

O autor do livro de Lamentações descreve assim a situação de Judá depois da destruição: "Que solitária está a Cidade populosa! Tornou-se viúva a primeira entre as nações; a princesa das províncias, em trabalhos forçados. Passa a noite chorando, pelas faces correm-lhe lágrimas. Não há quem a console entre os seus amantes; todos os seus amigos a traíram, tornaram-se seus inimigos. Judá foi desterrada, humilhada, submetida a dura servidão; hoje habita entre as nações, sem encontrar repouso; os que a perseguiam alcançaram-na em lugares sem saída" (Lm 1,1-3).

Na angústia da destruição, surge a esperança de sobreviver na terra

A situação vivida pelo povo durante o cerco de Jerusalém e mesmo depois da queda da cidade e da destruição do Templo foi terrível: falta de comida (Lm 1,11); canibalismo (Lm 2,20; 4,10); sofrimento das crianças (Lm 2,11-12.19); violação das mulheres (Lm 5,11); assassinato de sacerdotes e profetas (Lm 2,6.14); enforcamento de homens respeitáveis (Lm 5,12); imposição de trabalhos forçados e de impostos por parte do império babilônico: "Nossa herança passou a estranhos, nossas casas a desconhecidos. Somos órfãos, já não temos pai; nossas mães são como viúvas. Nossa água por dinheiro a bebemos, nossa lenha entra como pagamento. O jugo está sobre nosso pescoço, empurram-nos; estamos exaustos, não nos dão descanso" (Lm 5,2-5).

A destruição não havia poupado nenhuma cidade importante de Judá. As áreas que ficaram desocupadas com a saída dos deportados foram povoadas não só pela população camponesa que ficou em Judá,[1] mas também pelos povos vizinhos.[2] A região montanhosa central de Judá foi ocupada gradualmente pelos edomitas, pressionados pelas tribos

---

[1] Cf. 2Rs 24,13-17; 25,8-12.

[2] Cf. Jr 47 (filisteus), Jr 48 (moabitas), 49 (amonitas, edomitas, assírios e árabes).

árabes, que tiraram vantagens de sua desgraça e ocuparam a região do Negueb,[3] saqueando as cidades de Judá (Ez 25,12-14; Ab 19; Lm 4,21s; Sl 137,7).

Os sobreviventes recomeçaram lentamente a povoar as cidades e reconstruí-las. Os assentamentos judaicos concentraram-se nas regiões periféricas e em algumas distantes, provavelmente causando a separação com Judá logo na primeira deportação, em 597 a.E.C. Os nomes dessas cidades foram conservados na lista do "resto de Israel", no livro de Neemias (Ne 11,20.25-36). Ele cita, de fato, muitas localidades situadas nas regiões de Benjamim, do Negueb e da Sefelá, fora do território de Judá.[4]

Godolias iniciou seu governo com um programa de reconstruções, convidando os remanescentes da catástrofe a repovoar as cidades e a retomar as atividades cotidianas. Para isso, distribuiu as terras dos deportados aos moradores da cidade e do campo.[5] Criou assim uma pequena classe de proprietários locais, cujo direito não se fundamentava na herança nem na compra, mas na ordem dada pelo imperador da Babilônia. Esse ato foi considerado válido e digno de fé e suscitou esperanças no povo. Mesmo assim foi muito difícil para os que permaneceram em Judá, pois todos os dias as ruínas dos lugares sagrados estavam sob seus olhos.

Godolias estava apenas no início do seu governo quando foi morto traiçoeiramente em Masfa (2Rs 25,25; Jr 41,13). Com sua morte, a situação tornou-se mais difícil ainda e a pobreza, maior. Sobreviver nesse contexto era muito penoso. Com medo de uma repressão maior, muitas famílias judias fugiram para o Egito. Refugiaram-se, predominantemente, na colônia de Elefantina (ou Yeb). Há quem atribua a eles a sua fundação, sendo, posteriormente, transformada em colônia militar de judeus aposentados. Jeremias também fugiu para o Egito (Jr 42), onde provavelmente concluiu seus dias (2Rs 25,22-26; Jr 40–44).

Da crise de fé a uma vida nova

O povo viveu uma grande crise de fé. Diante dos acontecimentos

---

[3] Nessa época a região do Negueb recebeu o nome de Iduméia.

[4] Cf. AHARONI, Y. & AVI YONAH, M. *Atlante della Bibbia*. Casale Monteferrato, Piemme, 1987. p. 110.

[5] Cf. Jr 39,10; 52,16; 2Rs 25,12; Ez 33,24.

teve atitudes diferentes, ora de revolta contra Deus, ora de reconhecimento de sua culpa e, por fim, de pedido de socorro. O primeiro sentimento que invadiu o povo foi a revolta contra Deus, como se ele fosse o responsável pela desgraça: "O Senhor tencionou destruir o muro da filha de Sião: estendeu o prumo, não retirou sua mão destruidora; enlutou baluarte e muro: juntos desmoronaram [...]. O Senhor realizou o seu desígnio, executou sua palavra decretada desde os dias antigos; destruiu sem piedade; fez o inimigo alegrar-se às tuas custas, exaltou o vigor de teus adversários" (Lm 2,8.17).

O desespero do povo era tão grande que ele chegou a sentir-se até no direito de chamar a atenção de Deus: "Vê, Senhor, e considera: a quem trataste assim? Irão as mulheres comer o seu fruto, os filhinhos que amimam? Acaso se matará no santuário do Senhor sacerdote e profeta?" (Lm 2,20). Passado o impacto inicial, um outro sentimento invadiu o coração do povo, não mais de revolta contra Deus pela destruição, mas de reconhecimento da culpa do próprio povo. Ele avaliou a desgraça como consequência de sua infidelidade a Deus: "Elevemos nosso coração e nossas mãos para o Deus que está nos céus. Nós pecamos, fomos rebeldes [...]. Nossos pais pecaram: já não existem; nós é que carregamos as suas faltas. Por causa dos pecados de seus profetas, das faltas de seus sacerdotes, derramou-se, no meio dela, o sangue dos justos!" (Lm 3,41s; 5,7; 4,13).

Mas o povo recobrou suas forças e renovou a confiança em Deus. Ele, sim, podia estar derrotado, mas Deus não, que continuava inabalável no seu trono. Se Deus continua firme, podemos acreditar no seu poder. Ele pode fazer brotar a vida num contexto de morte: "Mas tu, Senhor, permaneces para sempre; teu trono subsiste de geração em geração. Por que nos esquecerias para sempre, nos abandonarias até o fim dos dias?" (Lm 5,19-20). O povo recobrou o ânimo e renovou sua fé: "O Senhor é bom para quem nele confia, para aquele que o busca. É bom esperar em silêncio a salvação do Senhor" (Lm 3,25s).

A fé pura no Deus de Israel não morreu. O lugar onde o Templo foi destruído continuou sagrado e nele se ofereciam sacrifícios, segundo a afirmação de Jeremias (Jr 41, 4-5). Após a destruição do ano 70 E.C., parte do "muro ocidental" que circundava o Templo restou e continua em pé até hoje, como "Muro das Lamentações", lugar de orações e de peregrinação (1Rs 8,33). De acordo com o profeta Zacarias, esses ritos deviam ser observados quatro vezes ao ano: no 4º mês (junho/julho) por causa da conquista de Jerusalém; no 5º mês (julho/agosto) por causa do incêndio do Templo; no 7º mês (setembro/outubro) por causa do assassinato de Godolias; no 10º mês (dezembro/janeiro) por causa do cerco de Jerusalém (Zc 8,19; cf. 2Rs 25,1.8-9.25).[6] O povo imprimiu em seus acontecimentos históricos um caráter religioso e celebrativo.

O "resto" eleito: um broto no tronco seco

Inicialmente, a ideia do "resto de Israel" estava ligada às invasões de outros povos, cujas consequências de destruição poderiam ser fatais e ninguém sobreviveria à desgraça. Era o medo do desaparecimento total. Mesmo assim, em alguns profetas aparece a convicção de que um resto será salvo da catástrofe, porque Deus ama o seu povo (Is 4,3). Acreditavam que Deus não permitiria a sua destruição completa, como já aparece no século VIII em Amós (Am 3,12).[7] A partir desse "resto" a nação poderia reencontrar a própria sobrevivência, porque a destruição não chegaria a toda a casa de Jacó (Am 9,8-10). Um grupo, mesmo que fosse de proporções reduzidas, purificado e de agora em diante fiel, seria a semente de um povo novo (Am 5,15). Desse resto nasceria uma nação forte e poderosa.

Depois da destruição do reino de Judá em 587, nasce a consciência de serem eles o resto que foi disperso por Deus entre as nações: "[...] não somos mais do que um resto no meio das nações para onde nos dispersaste" (Br 2,13; Ez 12,16). E nesse contexto fora e distante da sua terra, Israel se converterá e "então os vossos sobreviventes no meio das nações por onde tiverem sido levados cativos — quando eu tiver quebrado o seu coração prostituído que me abandonara, e os seus olhos prostituídos com ídolos imundos — se lembrarão de

---

[6] Cf. FOHRER, G. *História da religião de Israel*. São Paulo, Paulus, 1987. pp. 381-389.

[7] Cf. outras citações sobre o "resto": Is 6,13; 7,3; 10,19.21; 28,5-6; 37,4. E, ainda, 2Rs 19,4; Is 37,31-32; Mq 5,2; Sf 2,7.9; 3,12-13; Jr 3,14; 5,18.

mim. Sentirão asco de si mesmos pelo mal que fizeram, por todas as suas abominações. Saberão então que eu sou o Senhor e que não foi em vão que lhes falei que havia de infringir-lhes todo este mal" (Ez 6,9-10). Deus reunirá esse resto purificado para a restauração messiânica: "Eu mesmo reunirei o resto de minhas ovelhas de todas as terras para as quais eu as dispersei [...], suscitarei a Davi um germe justo; um rei reinará e agirá com inteligência e exercerá na terra o direito e a justiça. Em seus dias Judá será salvo e Israel habitará em segurança [...]" (Jr 23,3.5-6).[8]

Mas depois do exílio o "resto" é novamente infiel e será novamente dizimado e purificado, como o expressa bem o profeta Zacarias: "E acontecerá em toda a terra — oráculo do Senhor — que dois terços serão exterminados e que o outro terço será deixado nele. Farei esse terço entrar no fogo, purificá-lo-ei como se purifica a prata, prová-lo-ei como se prova o ouro. Ele invocará o meu nome, e eu lhe responderei; direi: 'É meu povo!' e ele dirá: 'o Senhor é meu Deus!'" (Zc 13,8-9).[9] Desse resto fiel nascerá o rei Messias, o Emanuel comparado a uma pedra angular (Is 28,16-17)[10] e ao broto ou rebento de um povo santo (Is 6,13; 11,1.10). A comunidade cristã retoma essa mesma ideia e relê em Jesus Cristo como esse "Rebento" do novo e santificado Israel (Mt 1,6.16).

---

[8] Cf. outros textos: Is 11,11.16; Jr 31,7; 50,20; Ez 20,37; Mq 2,12-13.

[9] Cf. também: Zc 1,3; 8,11; 14,2; Ag 1,12; Ab 17; Jl 3,5.

[10] A imagem da "pedra angular" será bastante recordada: Sl 118,22; Mt 21,42; Ef 2,20; 1Cor 3,11; 1Pd 2,4-7, At 4,11.

Roteiro para o estudo do tema

1. Oração inicial

Conforme a criatividade do grupo.

2. Mutirão da memória

Compor a síntese do conteúdo já lido por todos no subsídio. Caso as pessoas não tenham o subsídio, ficará a cargo do(a) líder expor a síntese.

Recursos visuais

- Colocar no centro do grupo a madeira com o broto verde fixado.
- Escrever a frase: *Nascerá um broto novo no tronco de Jessé.*

3. Partilha afetiva

Em grupos ou no plenário, compartilhar os frutos da terra que foram trazidos: cada pessoa oferece o que trouxe para a pessoa que está a sua direita, e lembra o que aquele alimento significa, e o trabalho necessário para produzi-lo. Ex.: *Este feijão traz mais vida à mesa do brasileiro. Ele é dom desta terra abençoada em que vivemos. Leve-o para casa, como uma bênção de Deus.* No fim, cada um leva para casa o alimento que recebeu.

4. Sintonia com a Bíblia

Ler Zc 8,10-17; Is 11,1.

O povo humilde de Judá recobrou o ânimo quando pôde habitar e cultivar a terra.
Isaías diz que esse povo é o broto novo, que nasceu de um tronco seco.

Diálogo de síntese

Quando é possível compartilhar os bens da terra, nasce a vida, como o broto de um tronco seco. Quais os brotos novos que vemos nascendo no Brasil, em nossa região, em nossa comunidade?

Lembrete: para a próxima reunião, trazer tochas (velas envoltas em fundo de garrafas plásticas, ou em papel colorido). Preparar um altar para a Bíblia com flores e uma vela grande.

3º tema
Identidade de Israel: o amor à Torah

Os exilados de ontem e de hoje revivem, fora da sua terra, saudades da terra, dos costumes, da fé que os unia. "À beira dos canais de Babilônia nos sentamos, e choramos com saudades de Sião; nos salgueiros que ali estavam penduramos nossas harpas. Lá, os que nos exilaram pediam canções, nossos raptores queriam alegria: 'Cantai-nos um canto de Sião!' Como poderíamos cantar um canto do Senhor numa terra estrangeira? Se eu me esquecer de ti, Jerusalém, que me seque a mão direita!" (Sl 137,1-5).

Mesmo exilado, o povo de Deus prosperou e cresceu

O exílio da Babilônia deixou marcas não só no povo que ficou na terra de Judá, mas também nos que foram deportados. Os remanescentes tinham a realidade da destruição sob os olhos. Os que foram deportados carregaram consigo as imagens da cidade destruída, do povo disperso e massacrado, do culto desfeito. Estavam agora fora da terra, sem Templo, sem culto e sem os seus dirigentes. Muitos sonhos construídos ao longo dos anos foram desfeitos.

O jeito era entrar no novo ritmo de vida, pois ainda tiveram sorte. Os babilônios não dispersaram os exilados, como fizeram os assírios. Eles foram assentados em núcleos nas proximidades do rio Cobar, nas cidades de Neppur, Susa, Uruk e outras (Ez 1,1s; Ne 7,61). Alguns deviam viver em regime de servidão (Is 42,22), e grande parte deles foi assentada em comunidades agrícolas. Isso favoreceu a conservação do patrimônio espiritual, religioso e cultural. Podiam falar a própria língua, observar seus costumes e suas práticas religiosas. Tanto é que pouco a pouco foram-se aculturando, adotaram nomes, o calendário e a língua da Babilônia, o aramaico. Podiam livremente reunir-se, comprar terras, construir casas e comunicar-se com Judá, sua pátria (Jr 29,5). Não sofreram a mesma sorte dos irmãos do reino do Norte sob o plano ético e político; foram totalmente assimilados pelos povos entre os quais foram dispersos. Na realidade, na Babilônia, conseguiram até uma certa prosperidade econômica num tempo relativamente curto, a qual foi comprovada pelas pesquisas arqueológicas mediante documentos descobertos na cidade de Neppur. São documentos de bancos, casas de comércio, contratos de compra e venda, contratos matrimoniais nos quais aparecem muitos nomes de origem hebraica. Não há indícios nesses documentos de que os deportados dessa região tivessem sido reduzidos à escravidão.

O profeta Ezequiel vivia entre os exilados. Ele os ajudava muito a superar as dificuldades e a alimentar a esperança do retorno à Terra Prometida. Numa de suas visões chegou a descrever uma nova distribuição da terra santa entre as 12 tribos de Israel, colocando-as lado a lado, em uma convivência de perfeita unidade (Ez 48,1-29). A descrição dos seus confins corresponde aos antigos confins da terra de Canaã que aparece no livro de Números (cf. Nm 34,1-12). Ezequiel acrescenta nessa descrição nomes geográficos contemporâneos, incluindo províncias da Babilônia do seu tempo (Ez 47,13-23).

Ainda que os deportados tivessem encontrado a possibilidade de reconstruírem suas vidas, viveram a experiência do exílio como uma grande catástrofe.

A saudade de Deus alimentava a fé e a esperança

Com o exílio, o povo pensava que todas as promessas de Deus tivessem falido: terra, descendência e um grande nome. Viveu uma enorme crise de fé no Senhor, seu Deus. O deus da Babilônia, Marduc, havia vencido o Deus de Israel, tinha mais poder do que ele. Por isso, muitos exilados aderiram à religião de Marduc. Não só por ele ter sido mais poderoso, mas também porque poderiam obter alguns privilégios de seus senhores babilônios (Ez 14,1-11). Além do mais, as festividades religiosas dedicadas a Marduc eram muito suntuosas, com liturgias e procissões solenes, que levavam os exilados a acreditar que, de fato, o Senhor fora vencido junto com seu povo. Porém, havia os que permaneciam fiéis ao Deus de Israel, e o sentimento e a sensação dominante que os afligia era em relação ao problema da retribuição individual e nacional, ou seja: quem é o culpado por tanta desgraça que caiu sobre nós? Estamos pagando pelos nossos pecados ou dos nossos antepassados? Estamos pagando pelos nossos pecados individuais ou coletivos? (Ez 18,2; 23,32).

Ezequiel e o Segundo Isaías não mediram esforços para manter viva no povo a fé no Deus da Promessa e a esperança de uma restauração na própria terra. Por isso, Ezequiel tenta apresentar um extenso programa de reconstrução do Templo, do culto (Ez 40–46) e do próprio Estado com seus limites e com distribuição da terra (Ez 47,13–48,29). O chefe da nova terra não será mais um rei, e sim um príncipe (Ez 48,21s).

No exílio reafirmaram a identidade israelita mediante algumas práticas culturais e religiosas, como a circuncisão, a observância do sábado e da lei mosaica. O referencial não era mais o Templo, mas o Livro da Lei, as escrituras sagradas. Elas eram anunciadas principalmente pelos profetas do exílio, Ezequiel e o Segundo Isaías (Is 40–55). A "religião do Livro" foi tomando importância cada vez maior no exílio; nele surgiram muitos escritos e outros foram reescritos. Os exilados mantinham viva a fé pelas celebrações litúrgicas, orações e cânticos, embora não conseguissem esquecer Sião (Sl 137). Conservavam a firme esperança de retornarem a ela, pois Deus a havia prometido a eles, que se consideravam descendentes de Abraão

(Gn 12,7). Isaías via o retorno do exílio como um novo êxodo, em cujo deserto haveria abundância de água e toda espécie de plantas (Is 41,18-20).

Identidade de Israel: o amor à Torá de Moisés

Os exilados, longe da terra, buscaram solidificar sua identidade por meio de algumas práticas que já existiam entre eles antes do exílio e que perduram até hoje: a circuncisão, a observância do sábado, das regras alimentares e, fundamentalmente, a leitura da Lei de Moisés ou Torá. Esses sinais externos os identificavam diante dos outros povos.

Não mais o culto, mas a Palavra

Antes do exílio eram os sacerdotes que congregavam o povo ao redor do culto no Templo de Jerusalém. Agora, no exílio, são principalmente os profetas Ezequiel e Segundo Isaías os referenciais para o povo. Ezequiel gozava de grande reputação (Ez 33,30s; 14,1) e reunia o povo ao redor da Palavra, em pequenos grupos em sua casa (Ez 8,1; 33, 30-32). Os profetas animavam as famílias refletindo a Palavra com eles de uma forma livre e espontânea. Talvez fosse na forma de círculos bíblicos, como acontece hoje em nossas comunidades. É muito provável que, da experiência de se reunirem em casa de família, pouco a pouco o espaço ficou apertado e surgiu a necessidade de reservarem um lugar maior e específico para as reuniões da comunidade, o que teria dado início à sinagoga.

Sinagoga: a casa da assembleia do povo judeu

A palavra sinagoga é de origem grega e significa "assembleia", e em hebraico *Bêit Knésset* (= casa da assembleia). Não sabemos quando e onde teve início a primeira sinagoga judaica. Alguns estudiosos dizem que foi no tempo entre o Edito de Ciro (538 a.E.C.) e a chegada do governador Neemias em Judá (445 a.E.C.). O certo é que sua propagação entre os judeus foi rápida, sobretudo na diáspora, isto é, nas comunidades judaicas que estavam espalhadas fora da sua terra.

No Egito, a sinagoga é conhecida já no século III a.E.C., o que leva a crer que ela surgiu muito antes da destruição do segundo Templo, no ano 70 E.C. Acredita-se que tanto no Egito quanto na Babilônia, na Pérsia e em outros lugares, já se desenvolvia nela o culto religioso, uma vez que o Templo ficava muito distante. Para a maioria dos judeus da diáspora, era impossível ir a Jerusalém diversas vezes ao ano para as celebrações das festas religiosas.[1] Ela continua sendo até hoje o lugar por excelência da reunião dos judeus e muito contribui para consolidar suas tradições religiosas e culturais. Nos grandes centros urbanos é possível encontrar até mais de uma.

Sinagoga: lugar da identidade

A sinagoga, aos poucos, tornou-se uma instituição característica do povo judeu. Ela servia e serve ainda hoje para diversos serviços: o culto, a oração, o canto, a leitura, o estudo das Escrituras e de outros escritos do judaísmo. Diversas pessoas são responsáveis por diferentes funções dentro da comunidade sinagogal, como a do rabino, do leitor da Torá, do cantor, do organizador da assembleia e a do hasan. O rabino desempenha a função de ensinar e julgar casos civis e de direito penal; o hasan é o profissional do canto. Na falta do rabino e do hasan, qualquer pessoa pode hoje presidir a oração. No judaísmo liberal, a mulher pode

---

[1] Cf. Soggin, J. A. *Storia d'Israele*. Brescia, Paideia, 1984. pp. 349-385.

Visão Global 8

também exercer a função de rabina e de hasanit. Junto à sinagoga há normalmente outras dependências que servem para seções culturais, reuniões sociais e de diversão.

No interior da sinagoga, brilha a luz eterna

O centro da sinagoga é a Torá, guardada em um "armário sagrado". É como o Santíssimo Sacramento guardado no sacrário das igrejas católicas. Sobre o "armário sagrado" encontra-se uma lâmpada acesa, dia e noite, e chama-se "luz eterna". Há também uma mesa de apoio para a leitura dos textos sagrados e um pequeno palco com um púlpito. Na parte da assembleia encontram-se bancos, onde normalmente os homens ocupam um lado e as mulheres o outro, ou os homens a parte de baixo e as mulheres a de cima. Nas sinagogas liberais não há mais essa divisão e as famílias ficam juntas; e também as mulheres são contadas para completar o número de dez pessoas necessárias para abrir uma sinagoga, enquanto nas mais conservadoras, contam-se apenas os homens.

Na sinagoga desenvolvem-se atividades diárias como a oração e a leitura de textos sagrados, e atividades semanais como o culto que se inicia na sexta-feira à tarde e termina no sábado. Há algumas festas religiosas anuais solenes, que são as festas de peregrinação (Dt 16,16): a Páscoa (*pessach*) que dura uma semana; Pentecostes (*shavu'ôt*) que dura dois dias; e a festa dos Tabernáculos ou das Tendas e Cabanas (*sucôt*) que dura oito dias. No oitavo dia é celebrado o Regozijo da Torá (*simchát Torá*); enquanto o rabino segura o livro da Lei, jovens e velhos dançam ao seu redor (Ne 8,1-18). Existem duas outras festas de cunho mais popular: a primeira é a festa do início do ano agrícola (*Rosh-hashanáh*; Lv 23,23-25) e a segunda é o Dia da Expiação (*Yom Kippûr*; Est 9, 20-32). Por fim, duas festas que são posteriores ao exílio (538 a.E.C.): a festa da Dedicação ou das Luzes (*Chanucah*), na metade do mês de agosto, e a festa do Purim ou festa da sorte, porque o povo foi salvo a tempo do inimigo. Algumas dessas festas são celebradas na sinagoga.

Mais adiante retomaremos as festas judaicas em paralelo com as festas religiosas cristãs.[2]

---

[2] Cf. volume 12 desta série: *O eterno entra na história;* a terra de Israel no tempo de Jesus, pp. 64-78.

Roteiro para o estudo do tema

1. Oração inicial

Conforme a criatividade do grupo.

2. Mutirão da memória

Compor a síntese do conteúdo já lido por todos no subsídio. Caso as pessoas não tenham o subsídio, ficará a cargo do(a) líder expor a síntese.

Recurso visual

- A Bíblia é colocada no centro do grupo, em um pequeno altar ornamentado com flores e com uma vela acesa.

3. Partilha afetiva

Em grupos ou em plenário, dialogar:

- Quais as igrejas que conheço e nas quais já rezei?
- Lembro-me de alguma experiência de Deus mais forte que fiz quando rezava em uma igreja?
- Que significa a igreja para a comunidade cristã?

4. Sintonia com a Bíblia

Ler, de forma orante, o Salmo 119.

Esse salmo manifesta o amor à Lei. A luz eterna que fica sempre acesa junto aos rolos, na sinagoga, simboliza a fé de que a Lei do Senhor ilumina o olhar de quem a ama.

Diálogo de síntese

Todos em pé ao redor da Bíblia. Cada pessoa acende sua tocha na vela que está acesa e diz: O que significa em minha vida a frase: *Vossa Lei ilumina os olhos?*

Lembrete: para a próxima reunião montar, no centro do grupo, uma maquete: um quadrado com terra ou areia seca e pedras. No meio, nasce uma fonte que se torna um riacho (pode ser feita com papel ou plástico azul), ladeado com pequenas pedras.

4º tema
A Bíblia nasceu do olhar iluminado sobre a história

O exílio da Babilônia dividiu a população de Judá em dois contextos geográficos distintos: Judá e a Babilônia.[1] Nos dois contextos floresceu a literatura bíblica. Em Judá nasceu a Tradição Deuteronomista, Jeremias, Lamentações e a releitura dos profetas; enquanto na Babilônia nasceram os escritos de Ezequiel, Segundo Isaías, Tradição Sacerdotal, Levítico 8–10; 17–26, e alguns Salmos: 42; 43; 69; 70; 137.

Escritos bíblicos da época, em Judá

No contexto do exílio em Judá são compilados os escritos da Tradição Deuteronomista da qual fazem parte os livros: Deuteronômio, Josué, Juízes, 1 e 2 Samuel, 1 e 2 Reis.

Tradição Deuteronomista: a certeza de que Deus é fiel

A palavra Deuteronomista vem do livro do Deuteronômio, que significa "segunda lei". O Deuteronômio recebeu esse nome porque nele fala-se que o rei, ao assumir o trono, devia receber "uma cópia dessa lei ditada pelos sacerdotes levitas" (Dt 17,18). De fato, no livro do Deuteronômio (Dt 5,6-22) encontramos uma cópia do Decálogo que está no livro do Êxodo (Ex 20,2-17). O tema da Aliança é central, já na sua compila-ção na época de Josias, e foi assumido por toda a obra Deuteronomista, que compreende mais seis livros: Josué, Juízes, 1 e 2 Samuel e 1 e 2 Reis.

Os compiladores da Tradição Deuteronomista, no período do Exílio, não escreveram esses seis livros, mas serviram-se de fontes já existentes vindas de muitas regiões, como também do reino do Norte. As fontes às vezes são divergentes entre si, mas eles não as modificaram. Respeitaram-nas embora tivessem muita liberdade em dispor e reorganizar os textos, chegando algumas vezes a alterar a ordem cronológica dos acontecimentos. Tudo indica que o interesse maior desse grupo era descrever a trajetória dos reis de Israel e de Judá conforme 1 e 2 Samuel e 1 e 2 Reis. Os outros

---

[1] Embora tivesse havido outros exílios ou fugas para outras partes, como para o Egito, não conhecemos nenhum escrito deles.

A Bíblia nasceu do olhar iluminado sobre a história

três livros — Deuteronômio, Josué e Juízes — são considerados uma introdução à monarquia. A Obra Deuteronomista inicia no primeiro capítulo do livro do Deuteronômio e termina com o capítulo 25 de 2 Reis com a narrativa da destruição de Jerusalém em 587 a.E.C.

A homogeneidade do processo redacional encontra confirmação, segundo Martin Noth, na coincidência dos dados cronológicos: 1Rs 6,1 fala que o rei Salomão começou a construir o Templo 480 anos depois da fuga do grupo de Moisés do Egito. Calculando os vários períodos dos quais falam os demais livros da Tradição Deuteronomista, obtém-se exatamente a soma de 480 anos. Outros elementos convergem para afirmar a unidade desse bloco literário, como o estilo e a mensagem teológica. Em todos esses livros encontramos expressões típicas como: "amar a Deus"; "servir, andar atrás, voltar-se para outros deuses"; "obter vida longa, longos dias"; "terra, cidade que vosso Deus vos deu como herança"; "a terra na qual estás para entrar e tomar posse...". Palavras e sinônimos: Lei, norma, estatuto, instrução, prescrição. E, ainda, traz frases longas e muitas repetições.

A mensagem teológica presente nesses livros é a fidelidade de Deus à sua Aliança com o povo de Israel. Deus o escolheu e fez com ele um pacto. Mas o povo e seus representantes nem sempre foram fiéis ao pacto e escolheram a própria infelicidade.

Muitos estudiosos dizem que a maior parte da Tradição Deuterono-mista foi compilada no período do exílio, por volta do ano 550 a.E.C. e foi retocada em dois momentos sucessivos no pós-exílio. Outros colocam a primeira redação dessa Tradição no período de Josias (640-609 a.E.C.), portanto antes do exílio, com apenas uma revisão no período do exílio.[2] Outros ainda admitem a possibilidade de uma redação e reorganização antes, durante e depois do exílio. De fato, o primeiro núcleo do livro do Deuteronômio (caps. 12–26) foi provavelmente escrito no reino do Norte, antes do ano 722 a.E.C. Depois da queda da Samaria, em 722 a.E.C., esses escritos provavelmente foram levados para o Sul e compilados pelo grupo deuteronomista durante o reinado de Josias. A redação e a compilação do núcleo maior foram feitas no período do exílio e a finalização e a fusão das

---

[2] Cf. Cortese, E. *Da Moisè a Esdra*; i libri storici del Antico Testamento. Bologna, Dehoniane, 1985. pp. 147-153.

quatro grandes tradições, por volta de 445 a.E.C., quando Israel estava sob o domínio persa.

Deuteronômio: a herança de Moisés para os exilados

O livro do Deuteronômio é uma coleção de homilias centradas no amor à lei de Deus, na paixão por sua observância e no agradecimento pelo dom da terra de Canaã. Não é um manual árido permeado de leis.[3] Ele se parece mais com uma pregação e uma catequese sobre a Torá que deve envolver toda a pessoa, por isso insiste sobre determinadas expressões: vê, olha, presta atenção, observa, escuta. Muitas vezes aparece *ouve*: "Ouve, ó Israel, os estatutos e as normas que hoje proclamo aos vossos ouvidos. Vós os aprendereis e cuidareis de pô-los em prática" (Dt 5,1). Usa com frequência a expressão "hoje" como forma de atualização da Torá.[4]

O livro pode ser estudado de diferentes modos. Um deles é analisá-lo em grandes blocos segundo os três grandes discursos de Moisés. Começa com uma introdução que situa os discursos no tempo e no lugar, fazendo uma ligação com o livro de Números (Nm 21,21-35).

O primeiro discurso de Moisés (Dt 1,1–4,43) traz um resumo da história de Israel, desde sua permanência no Sinai até a chegada na Transjordânia, diante do Jordão. O segundo discurso (Dt 4,44–28,69) começa também com uma breve indicação de tempo e lugar (Dt 4,44-49; 1,1-5), depois apresenta o Decálogo, suas exigências e o Código Deuteronômico (Dt 12,1–26,15), que reúne diversas coleções de diferentes origens dos reinos do Norte e do Sul. Talvez esse seja o livro da Lei encontrado no Templo sob o reino de Josias (2Rs 22,8-9). Segue uma longa conclusão (Dt 26,16–28,69). O terceiro discurso (29–30) lembra: o passado salvífico de Israel (Dt 29,1-8); o empenho pela fidelidade à Aliança como fonte de bênçãos e a infidelidade, de maldições (Dt 29,9-28); o exílio como punição da infidelidade e o retorno como sinal do perdão divino (Dt 30,1-10). Por fim, faz um apelo a uma opção pela fidelidade à Aliança (Dt 30,11-20). Os capítulos 30–34 formam uma espécie de conclusão geral não só do Deuteronômio, mas de todo o Pentateuco. Reúnem elementos de origem e épocas diversas que foram incorporados ao livro do Deuteronômio,

---

[3] Cf. Ravasi, G. Deuteronômio. In: Rossano, P.; Ravasi, G.; Girlanda, A. *Nuovo dizionario di teologia biblica*. 2. ed. Torino, Paoline, 1988. pp. 391-397.

[4] Cf. Dt 4,4.8.20.26.38.39; 9,1.3.

A Bíblia nasceu do olhar iluminado sobre a história

na redação final da Tradição Deuteronomista, por volta de 445 a.E.C. Por essa época o livro foi destacado da sua ligação original com a Obra Deuteronomista, para fazer parte do bloco do Pentateuco.

Josué: a bênção de Deus é a terra

O tema central do livro de Josué é a terra. Deus prometeu aos antepassados dar uma terra ao povo de Israel. O livro de Josué mostra a realização dessa promessa. Depois do prólogo (cap. 1), o livro compreende três grandes partes: a conquista da terra (caps. 2–12), a distribuição da terra (caps.13–21) e as conclusões (caps. 22–24). O capítulo 22 apresenta a fixação das tribos orientais na Transjordânia e o conflito cultual entre o santuário de Silo e as tribos da Transjordânia, que segundo eles viviam fora da Terra Prometida. O capítulo 23 apresenta o testamento de Josué, sucessor de Moisés, e o 24 a aliança firmada por Josué em Siquém, selando a liga das 12 tribos.

Juízes: Deus tem paciência com os erros do povo

O livro de Juízes, em uma primeira introdução (Jz 1,1–2,5), retoma, em síntese, a instalação das tribos em Canaã, com seus fracassos e sucessos, descritos, longamente, no livro de Josué de 1 a 12. A seguir, depois de algumas considerações gerais sobre o sentido religioso do período tribal (Jz 2,6–3,6), apresenta, em sequência narrativa detalhada, o período de Josué como tempo de fidelidade ao Senhor, e o período dos juízes, como o da infidelidade (Jz 3,7–16,31). O livro termina com duas conclusões (Jz 17–18 e 19–21). A primeira narra a migração da tribo de Dã para o norte e fala de seu santuário. A segunda conclusão fala do crime dos habitantes de Gabaá e da guerra das tribos contra a tribo de Benjamim que se recusava a punir os responsáveis pela morte da concubina de um levita de Efraim.

1 e 2 Samuel: os livros do "Nome de Deus"

Os dois livros constituíam uma só obra na Bíblia hebraica. Foram divididos em duas pela Bíblia grega, que os chamou de 1 e 2 Reis. Assim, os atuais 1 e 2 Reis passaram a ser chamados 3 e 4 Reis. Essa divisão foi seguida também pelas traduções latinas. Hoje, com a valorização das línguas originais, voltou-se a chamar o livro de Samuel conforme o texto hebraico, conservando, porém, a sua divisão em 1 e 2 Samuel, e o 3 e 4 Reis voltaram a se chamar 1 e 2 Reis. É dessa forma que aparecem nas traduções das Bíblias atuais.

Samuel, na língua hebraica, significa "nome de Deus". O livro apresenta uma justificativa popular do nome: Ana deu à luz um filho a quem chamou de Samuel, porque, disse ela, "eu o pedi ao Senhor". O nome de Samuel é aqui associado ao verbo hebraico "pedir" (*Sha'al*). O livro fala longamente da infância, da vocação e da missão de Samuel (1Sm 1–7). Exerce a missão de juiz em meio às tribos de Israel e faz a transição do sistema de governo tribal para o sistema monárquico, elegendo Saul como primeiro rei de Israel (1Sm 8–15).

Mesmo enquanto Saul é rei, Samuel o rejeita e unge a Davi como seu sucessor. Davi foi-se projetando como escudeiro do rei, mas se destaca deste, que começa a persegui-lo (1Sm 16–21). Davi já havia conquistado a confiança das tribos do Sul mesmo antes da morte de Saul (1Sm 22,2), e, quando ela ocorre, foi logo acolhido como rei (2Sm 2,4). Sete anos depois, assumiu também o governo das tribos do Norte (2Sm 5–8). A habilidade política de Davi fez com que em seu tempo o reino chegasse a maior expansão.

No final da vida teve de enfrentar o problema de sua sucessão ao trono. Muitas intrigas foram provocadas por seus generais e por seus próprios filhos (2Sm 9–20). Com os capítulos 21–24 de 2Sm, há uma interrupção da grande sequência da história da família de Davi e da sucessão ao trono, que continuará em 1 Reis, nos capítulos 1 e 2.

Os capítulos finais de 2 Samuel (21–24) são um apêndice ou acréscimo posterior, apresentado na forma de narrativas paralelas: a fome de três anos (2Sm 21,1-14) e a peste dos três dias (2Sm 24,10-17); duas séries de anedotas heroicas: os quatro gigantes filisteus (2Sm 21,15-22) e os valentes de Davi (2Sm 23,8-39); e duas peças poéticas: o cântico de Davi (2Sm 22) e as últimas palavras de Davi (2Sm 23,1-7).

1 e 2 Reis: um olhar iluminado sobre a história

Já vimos que os dois primeiros capítulos (1Rs 1–2) são continuação de 2Sm 20. Falam da sucessão ao trono de Davi. O período de abrangência dos dois livros vai da sucessão de Salomão ao trono de Davi até a destruição de Jerusalém e o início do exílio babilônico em 587 a.E.C. Apresenta, portanto, três grandes períodos:

a) a história de Salomão e a divisão do reino em dois: Israel e Judá (1Rs 1–13), pois os compiladores de cronologias — na época dos escritos bíblicos — fizeram uma sincronia entre os reis do reino do Norte e do reino do Sul;

b) as narrativas sobre os dois reinos continuam em paralelo até o final do reino do Norte em 724, com a sua queda (1Rs 14–2Rs 17);

c) depois, a narrativa prossegue falando só sobre o reino do Sul, até sua queda em 587 a.E.C. (2Rs 18–25).

A Tradição Deuteronomista condena todos os reis do Norte pela adesão ao culto de Baal, vindo de Tiro (1Rs 16,31-32). O Sul também é acusado de ter participado do culto das alturas ou ao menos de tê-lo tolerado (2Rs 8,18.27; 16,2-4) e de ter introduzido divindades estrangeiras (2Rs 21). Apenas dois reis, Ezequias e Josias, são considerados fiéis como foi Davi (2Rs 18,3; 22,2), por causa das reformas religiosas que ambos empreenderam. Essa avaliação corresponde à doutrina do livro do Deuteronômio que defende um só Deus e rejeita toda a idolatria; defende um só Templo e exige a rejeição de todos os outros santuários, até mesmo os de Dã e Betel (Dt 12–13).

Valor do escrito Deuteronomista

A abundância e a variedade de material coletado pelo grupo deuteronomista, por um lado, constitui uma riqueza e, por outro, uma dificuldade. Riqueza pelas tradições diferentes que chegaram até nós. Dificuldade para uma compreensão justa das narrativas no contexto em que elas foram inseridas. A justaposição confirma o trabalho respeitoso e atento da tradição deuteronomista de não o harmonizar, mas de conservá-lo e anexá-lo à obra. A revisão deuteronomista inseriu 1 e 2 Samuel nas grandes linhas da história do povo. Ela abrange o período desde a morte de Moisés até o exílio. Poucos retoques foram feitos. O retoque mais importante foi a integração da aliança davídica na aliança mosaica (2Sm 7,1-29), cujas exigências são recordadas ao povo (1Sm 7,3-4; 12,6-11) e aos reis (1Sm 10,25 que evoca Dt 17,18-19).

Torna-se difícil determinar o valor histórico do escrito deuteronomista quanto às suas informações, pois não existem escritos extrabíblicos que possam servir de confronto. Um estudo atento dos próprios textos pode nos oferecer a compreensão de seus objetivos e a sua relação com a história. As narra-

Visão Global 8

tivas sobre a arca, por exemplo, sob o ponto de vista religioso, revelam que nem sempre o povo era fiel a Deus. As narrativas envolvendo o profetismo nascente e os profetas Natã, Gad e Samuel procuram apontar para o sentido divino de sua missão e de sua autoridade diante do poder político. Mesmo assim, o rei está no centro dessas narrativas.[5]

Jeremias: escritor por vontade de Deus

Como o profeta e seus discípulos atuaram no reino do Sul, não há razões para situar o livro fora de Judá. Este não se apresenta tão unitário quanto parece à primeira vista. Muitas pessoas, no decorrer da formação do livro, participaram de sua elaboração. A história da formação do livro é muito complexa. Para facilitar sua compreensão, vamos considerá-la em duas fases: a que foi escrita durante a vida de Jeremias e a que foi escrita depois de sua morte.

A primeira fase vai de 627 a 580 a.E.C., que são os anos da sua pregação e da transcrição parcial do seu discurso. No ano 605 Jeremias recebeu a ordem do Senhor de colocar por escrito os seus oráculos: "Toma um rolo e escreve nele todas as palavras que te dirigi a respeito de Israel, Judá e de todas as nações, desde o dia

em que comecei a falar-te, no tempo de Josias, até hoje" (Jr 36,2). Esse escrito faz parte do primeiro rolo redigido por Baruc, seu secretário. Mas ele foi queimado pelo rei Joaquim de Judá (Jr 36,22-23).

No ano 604 a.E.C., Jeremias recebeu uma nova ordem do Senhor para escrever outro rolo: "Toma outro rolo, escreve nele todas as palavras que estavam no primeiro rolo, que Joaquim, rei de Judá, queimou [...]. Jeremias tomou outro rolo e o deu ao escriba Baruc, filho de Nerias, que nele escreveu, ditadas por Jeremias, todas as palavras do livro que Joaquim, rei de Judá, tinha queimado. E ainda foram acrescentadas muitas palavras como estas" (Jr 36,28.32). A esse escrito equivaleriam os capítulos de 2–19 e 30–31.

Depois do ano 598 a.E.C. são acrescentados ao segundo rolo os capítulos de Jr 21,11 até 24,10. Neles o profeta dirige-se à casa de Judá e profere oráculos contra diversos reis: Joacaz, Joaquim e Joaquin, e contra os falsos profetas. No capítulo 24, Jeremias teve uma visão de dois cestos de figos. Um continha figos bons que representavam os que tinham ido primeiro para o exílio em 597 a.E.C., e o outro continha figos

---

[5] Cf. MONLOUBOU, L. & DU BUIT, F. M. Samuele (Libri di). In: *Dizionario biblico storico/critico*. Roma, Borla, 1987. pp. 886-888. (Ed. brasileira: Dicionário Bíblico Universal, Aparecida/ Petrópolis, Santuário/ Vozes, 1997.)

A Bíblia nasceu do olhar iluminado sobre a história

estragados, que simbolizavam o rei e o povo que tinham ficado em Judá. Essa profecia é normalmente datada no ano 593 a.E.C., tempo de Sedecias.

A segunda fase dos escritos é datada após a morte de Jeremias. Pelo ano 580 a.E.C., Baruc, o escriba, acrescentou aos textos algumas narrativas biográficas sobre Jeremias.[6] No início do segundo exílio, por volta de 587 a 570 a.E.C., foram acrescentadas as reflexões da Tradição Deuteronomista, que falam sobre a necessidade do arrependimento e da retomada de um novo caminho.[7] Mais tarde, entre os anos 570 e 555 a.E.C., nasceu a esperança da unificação de Israel e Judá como o povo messiânico em Sião (Jr 3,14-18).[8]

A mesma temática é retomada pelo profeta Ezequiel, no exílio da Babilônia, ao falar da unificação dos dispersos da casa de Jacó e Judá (Ez 37,15-28).[9] Já no final do exílio, por volta de 555 a 540 a.E.C., são acrescentados ao livro de Jeremias os textos que falam da salvação que está próxima, porque a Babilônia será destruída e todas as nações vão ser libertadas (Jr 16,14-15; 50–51), e sobre os ídolos (Jr 10,1-10). Esses textos se aproximam muito da visão do Segundo Isaías, que fala: de um novo êxodo; oráculos contra a Babilônia (Is 43,16-21; 47) e oráculos contra os ídolos (Is 40,19-21).

O livro de Jeremias, na sua elaboração ou organização, não segue critérios literários, nem cronológicos (cf. Jr 21,1-2 com Jr 24,1; 44,1) e nem mesmo uma divisão lógica e ideal. Parece que há uma preocupação maior em conservar o material

•Vocação de Jeremias	*1,1-19*
• Oráculos contra Judá e Jerusalém	*2,1–25,13*
• Biografia de Jeremias	*26,1–29,32; 34,1–45,5*
• Livro da Consolação	*30,1–33,26*
• Oráculos contra as nações	*25,13b-38; 46,1–51,64*
• Apêndice	*52,1-34*

---

[6] Cf. Jr 19,1–20,6; 26; 28; 29; 32; 34; 36–45

[7] Jr 7,16–8,4; 11,1-9; 18,7-12; 21,1-10 e outros.

[8] Cf. Jr 23,1-3; 24; 31,29-30; 33,15.

[9] Cf. Ez 11,14-21; 34, 23 e 37,24; 18,2

que foi encontrado e organizá-lo sob temas e palavras-chave:

A obra não é só de Jeremias, mas passou por diversas mãos. Ao profeta Jeremias é atribuída a parte poética, a Baruc a parte biográfica e o restante ao deuteronomista.[10]

Abdias: o amor apaixonado por Sião

O livro do profeta Abdias é o menor livro do Primeiro Testamento. Contém apenas 21 versículos, os quais expressam toda a amargura do povo judaíta contra os edomitas que invadiram Judá depois da desgraça do exílio, agravando ainda mais a situação de sofrimento (vv. 1-15). Edom, segundo a Bíblia, é habitada pelos descendentes de Esaú,[11] portanto, parentes dos judaítas. Abdias insiste na restauração da realeza universal do Senhor, na justiça de Deus, no amor apaixonado por Sião e na restauração do Reino de Deus no dia do Senhor. O livro, embora pequeno, traz os temas clássicos do profetismo de Israel (vv. 16-21).

Lamentações: a dor do abandono e da destruição

O segundo livro das Crônicas fala que Jeremias compôs uma lamentação sobre Josias, o rei de Judá, que havia morrido (2Cr 35,25). A partir dessa afirmação, a Bíblia grega atribuiu o livro das Lamentações ao profeta Jeremias, mas isso é pouco provável. O livro retrata a catástrofe nacional de 587 a.E.C.: a tomada de Jerusalém, a destruição do Templo e a deportação de grande parte da população de Judá para a Babilônia. Há divergências entre Jeremias e Lamentações na interpretação da doutrina sobre a retribuição. Para Lamentações, os filhos pagam pelo erro dos pais, o que Jeremias já não aprova, "mas cada um morrerá por sua própria falta" (comparar Lm 5,7 com Jr 31,29-30). Tudo indica que os cinco cantos de Lamentações não são de Jeremias, embora tenham sido escritos em Jerusalém, e não na Babilônia. Eles costumam ser classificados em: cantos fúnebres (caps. 1, 2 e 4); cantos de lamentação individual (cap. 3); e cantos de lamentação coletiva (cap. 5). Mesmo que sejam cantos de lamentação revelam um sentimento de confiança inabalável em Deus e de arrependimento profundo pela infidelidade humana a ele.

---

[10] Cf. MONLOUBOU, Geremia. In: Dizionario..., cit., pp. 420-423.

[11] Cf. Gn 36; Dt 2,4-8; 23,8.

Releitura dos profetas: uma lanterna nas mãos dos exilados

No exílio, os livros dos profetas começaram a ser lidos e interpretados, e passaram por atualizações e releituras.

Já vimos o do profeta Jeremias, que passou por revisões do grupo deuteronomista, de tal forma que em alguns textos é difícil saber, com certeza, o que é de Jeremias e o que foi acrescentado por outras mãos. Outros livros proféticos também sofreram releituras, acréscimos e alterações na sua disposição interna. Certamente isso aconteceu quando os livros proféticos passaram de um uso restrito, o círculo profético, para o uso da comunidade. Eram lidos em comunidade, nas celebrações e nas reuniões, sendo assumidos por todo o Israel. Daí os acréscimos, como, por exemplo, o Salmo de Isaías (Is 12); a mudança de visão sobre as nações estrangeiras, antes como "instrumentos do juízo de Deus" em relação ao povo de Israel, e agora são rechaçadas pelos oráculos proféticos (Jr 50–51).

Antes do exílio, a palavra profética era carregada de ameaças e advertências (Jr 8,4-17; Os 5,8–6,6). No exílio e depois dele, a situação havia mudado e fazia-se necessária uma palavra de ânimo e esperança, de estímulo e encorajamento como a de Isaías 40,1-31. Antes a palavra profética dirigia-se especificamente a Israel e a Judá no exílio, mas no pós-exílio tomou dimensões que ultrapassaram as fronteiras nacionalistas, como o indicou a releitura de alguns profetas (Am 1–2; Is 24–27).

A releitura dos textos proféticos parece não ter sido feita antes do exílio, pois se acredita que eles ainda não estavam em circulação. Nem mesmo foram relidos no âmbito do Templo e da corte, como aparece bem em Jeremias, capítulo 36, quando o rei de Judá reage com violência queimando o rolo que continha as palavras do profeta. Mas elas foram lidas, conservadas e protegidas nos círculos proféticos e em meio ao povo do campo, como aparece em Miquéias de Morast (Jr 26,17-19), na região de Judá.[12]

---

[12] Cf. Mizzotti, J. & Marchand, G. *História de Israel*: El exilio y la reconstrucion. Lima, Belido, 1993. v. 4, pp. 66-69.

Roteiro para o estudo do tema

1. Oração inicial
Conforme a criatividade do grupo.

2. Mutirão da memória
Compor a síntese do conteúdo já lido por todos no subsídio. Caso as pessoas não tenham o subsídio, ficará a cargo do(a) líder expor a síntese.

Recurso visual
- No centro do grupo, montar a maquete de uma terra árida com uma fonte que brota e escorre.

3. Partilha afetiva
Em grupos ou em plenário, dialogar:
- Se fôssemos escrever sobre a ação de Deus na história do Brasil, ou de nossa comunidade, quais os fatos que iríamos contar?
- Como vemos a ação de Deus nesses fatos?

4. Sintonia com a Bíblia
Ler Is 43,14-21.

Isaías vê a história e tem certeza de que Deus vai agir outra vez, como no tempo da travessia do mar Vermelho. Os acontecimentos antigos passaram, mas ele irá fazer tudo novo, como uma fonte que brota na terra seca.

Diálogo de síntese
- Quais as fontes que estão brotando hoje na Igreja, nas famílias, em nossa comunidade?

Lembrete: para a próxima reunião, trazer pedras e tijolos quebrados, para montar uma parede em ruínas, e vasos com plantas.

5º tema
Deus fará das ruínas um jardim: escritos do exílio na Babilônia

D urante o exílio na Babilônia surgiram importantes escritos como o de Ezequiel, o Segundo Isaías, partes do Levítico e Salmos. Eles infundem a esperança do retorno, de um novo êxodo em que Deus mesmo vai reunir o seu povo como o pastor reúne o seu rebanho: "Eis aqui o Senhor Deus: ele vem com poder, o seu braço lhe assegura o domínio... Como um pastor apascenta ele o seu rebanho" (Is 40,10-11).

Tradição Sacerdotal: os sacerdotes animam a comunidade que sofre

No exílio da Babilônia os sacerdotes e teólogos, formados em Jerusalém, interpretam a seu modo as antigas tradições patriarcais com a intenção de infundir fé nos exilados submersos pela apatia e pela dispersão. As promessas de numerosa descendência e de posse da terra se realizariam porque a Palavra de Deus é infalível.

No contexto do exílio, nasceu a Tradição Sacerdotal, o mais recente dos quatro documentos que formaram o Pentateuco: as Tradições Javista (p. ex., Gn 2,4b-25), Eloísta (p. ex., Gn 20,1-17) e Deuteronomista (Dt, Js, Jz, 1 e 2Sm e 1 e 2Rs), seguidas pela Sacerdotal. Normalmente ela é indicada com a forma abreviada P

(*Priester* = "sacerdote" na língua alemã). Quem trabalhou nessa tradição foi um grupo de sacerdotes, cujo interesse voltou-se de modo especial para os textos legislativos, que constituem grande parte do livro do Levítico. Tinham interesse também pelas genealogias que aparecem principalmente em Gn 1–11 e pelos textos narrativos[1] espalhados nos livros de Gênesis, Êxodo, Números e em alguns versículos do Deuteronômio e Josué.

A Tradição Sacerdotal tem algumas características que a distinguem das demais. O estilo é seco, o vocabulário é técnico, prima pelas cronologias, cifras, elencos, listas e genealogias não só do gênero humano,[2] mas também do céu e da terra

---

[1] Cf. Gn 1,1-2.4a; 17,1-27; 23,1-20; Ex 1,1-5; 28,1-41; Nm 9,1-14; Dt 34,7-9.

[2] Adão (Gn 5,1); Noé (Gn 6,10; 10,1); Sem (Gn 11,10-24); Taré (Gn 11,27). Abraão gerou: Ismael (Gn 25,12), Isaac (Gn 25,19) e mais seis filhos com Cetura (Gn 25,1-4). Isaac gerou: Esaú e Jacó (Gn 25,25-26). Jacó gerou 12 filhos, entre eles Levi (Ex 29,34), do qual nasceu Moisés (Ex 2,1).

(Gn 2,4). A obra tem sua origem no exílio da Babilônia, quando já não existiam as instituições que até então eram centrais, como o Templo, o sacerdócio, o culto, a terra, o rei. Não existia mais nada disso. Eles mesmos estavam fora da sua terra e buscavam, no passado, referenciais para alimentar a própria fé. Os sacerdotes aparecem como animadores da comunidade e incentivavam algumas práticas como a circuncisão e o sábado, para indicarem a pertença ao povo de Israel, o povo escolhido por Deus.

A reflexão do grupo sacerdotal queria ajudar a comunidade desanimada e infeliz a entender os desígnios de Deus. E procurou mostrar que a situação na qual grande parte do povo se encontrava não contradizia as promessas divinas. Também os patriarcas haviam experimentado a migração (Gn 23; 33,18-20) e, no entanto, a terra havia sido doada aos seus descendentes. Eles tinham a preocupação de mostrar que Deus foi fiel às alianças que fez com seu povo no passado, desde Noé, Abraão, Moisés... e continuará a ser fiel (Ex 19,3-8).[3]

Levítico (8–10; 17–26): o convite à santidade

O livro do Levítico em grande parte foi escrito no período do exílio, na Babilônia. Os capítulos que foram redigidos nesse período compreendem a parte que corresponde à investidura dos sacerdotes (Lv 8–10). Descrevem nos seus pormenores as cerimônias que aconteceram na investidura sacerdotal de Aarão e de seus filhos. Esses três capítulos, na sua origem, talvez tivessem sido a continuação do capítulo 29 do Êxodo, pois detalham as referências sobre as prescrições da purificação, da investidura e da unção dos sacerdotes. Eles aparecem como mediadores entre Deus e o povo, daí a exigência de santidade, porque Deus é santo.

A função de intermediário entre Deus e o povo deveria ser exercida na santidade de vida. Por isso, o grupo sacerdotal que exercia essa função estabeleceu as suas leis de santidade (Lv 17-26). Tudo indica que as leis eram inspiradas na experiência sacerdotal do Templo de Jerusalém, já no final do período da monarquia. Há muitas semelhanças com alguns textos de Ezequiel, sacerdote, que apresenta a santidade como atributo essencial do Deus

---

MONLOUBOU, "Sacerdotale" (Documento). In: *Dizionario*..., cit., pp. 860-861.

Visão Global 8

de Israel.[4] A idéia primeira é a da separação, de inacessibilidade, de uma transcendência que inspira temor religioso (Ex 33,20).

O grupo sacerdotal tinha consciência da enorme distância que há entre a santidade de Deus e a indignidade humana. Acreditava que o ser humano não poderia ver Deus e continuar vivo (Ex 19,21), nem mesmo apenas ouvi-lo (Ex 20,19). Como exemplo temos Elias (1Rs 19,13) e Moisés (Ex 3,6), que cobrem o rosto diante da revelação do Senhor. Em outros textos, o fato de ter visto Deus e não ter morrido levou as pessoas que passaram por essa experiência a uma profunda gratidão (Dt 5,24-27) pela graça recebida (Ex 24,9-11), em particular Moisés, que falava com ele face a face, como se o fizesse com outro homem (Ex 33,11).

A santidade comunica-se com aquele que se aproxima de Deus ou lhe é consagrado, como os lugares (Ex 19,12), os tempos (Ex 16,23; Lv 23,4), a arca (2Sm 6,7) os objetos (Ex 30,29; Nm 18,9), particularmente as pessoas (Ex 19,6) e, especialmente, os sacerdotes (Lv 21,6). Estes se relacionavam com Deus por meio do culto, por isso,

observavam as leis de santidade que, por sua vez, tinham ligação com as leis de pureza ritual. Os sacerdotes deviam buscar tudo o que facilitasse a comunhão com Deus e evitar tudo o que, física ou moralmente, colocasse obstáculos a essa comunhão vital. Por isso, não podiam consumir sangue, porque ele é considerado a sede da vida, dada por Deus. Deviam recusar quaisquer relações sexuais anormais, aceitar a Deus como UM, respeitar o ser humano como criatura de Deus, garantir a dignidade do sacerdócio e dos sacrifícios, celebrar fielmente as festas, os anos santos e outras leis menores.

Ezequiel: a certeza de que Deus é forte

Ezequiel, na língua hebraica, significa "Deus é forte". Pouca coisa sabemos sobre sua vida: era sacerdote, filho de Buzi (Ez 1,3), casado e amava sua esposa (Ez 24,16). Como Ezequiel recebeu sua missão profética na terra dos caldeus, junto ao rio Cobar, por volta do ano 593 a.E.C. (Ez 1,3), não se sabe ao certo se ele foi deportado para a Babilônia em 597 a.E.C. com o primeiro grupo ou em 587 a.E.C. Sabe-se que esteve na

---

[4] Cf. Ez 36,23; 38,16.23; 39,27; Lv 11,44-45; 19,2; 20,7.26; 21,8.

cidade de Tel Abib(Ez 3,15) e que era proprietário de uma casa onde os anciãos de Judá se reuniam (Ez 3,23-24; 8,1; 14,1; 20,1).

As opiniões sobre a personalidade de Ezequiel são muito divergentes por causa de suas visões, ações simbólicas e mímicas. Uns o consideram uma personalidade doentia, outros um esquizofrênico, outros ainda o defendem porque não foi entendido em sua linguagem e expressão simbólica e ignoram os retoques posteriores feitos na obra, como por exemplo Ez 4,4-8. O profeta, como muitos outros, recebe visões e realiza ações simbólicas: bate palmas, dança, deita-se imóvel sobre o seu lado direito, em praça pública, e perde a voz com a morte da esposa (Ez 6,11; 4,4; 24,17-19).

Também quanto ao lugar da sua missão profética, as opiniões divergem. Para muitos estudiosos, Ezequiel nasceu em Jerusalém, foi deportado em 597 a.E.C. para Babilônia e lá recebeu a missão profética (Ez 1,3). Para outros ele já atuou como profeta em Jerusalém (Ez 2,1-3,9), depois foi deportado e recebeu nova missão profética entre os exilados (Ez 1,3). É difícil chegar a dados mais precisos, porque as fontes são os próprios escritos bíblicos. O livro de Ezequiel apresenta a vocação do profeta (Ez 1,1-3,21), os oráculos contra Judá e Jerusalém (Ez 3,22-24.27), os oráculos contra as nações (Ez 25–32), a restauração do povo aniquilado (Ez 33–39) e nos últimos capítulos um plano de reconstrução do Templo e reconquista da terra (Ez 40-48). Aparentemente é simples e lógica a apresentação da obra nessa estrutura. Mas, estudando-a mais a fundo, é possível perceber que alguns oráculos não se encaixam bem no seu contexto: Ez 3,22-27; 4,4-8; 24,15-27 e 33,21-22. Muitos atribuem esse trabalho a seus discípulos.

Ezequiel retoma questões importantes da história de Israel como a da terra (Ez 47,13–48,35), do Templo em Sião (Ez 40–47,12), do Novo Êxodo (37,1-28), da Nova Aliança (Ez 36,28) e do Novo Davi justo e dedicado ao povo, sobretudo aos pobres (Ez 34), e outras que vamos estudar mais adiante.

Segundo Isaías (40–55): um caminho florido no deserto

O Segundo Isaías exerceu sua missão profética entre os exilados da Babilônia. É um profeta anônimo do final do exílio. Muitos acreditam que ele tenha sido um orador oficial do culto, talvez chefe de sinagoga durante as assembleias religiosas dos exilados ou mesmo um cantor e arauto nas celebrações litúrgicas.

Ele começou a escrever entre os anos 550 e 539 a.E.C. com o declínio da Babilônia e a ascensão da Pérsia. Esses fatos favoreceram o otimismo do autor, que chega a chamar o rei Ciro de "Pastor" (Is 44,28) e "ungido do Senhor" (Is 45,1-8), títulos que eram reservados aos reis de Israel. O título dado aos escritos do Segundo Isaías é "Livro da Consolação de Israel", e inspira-se no primeiro versículo do capítulo 40: "Consolai, consolai o meu povo", que é também o tema central de toda a obra. Nisso, contrasta com o Primeiro Isaías (1–39), cheio de oráculos ameaçadores.

É o primeiro profeta que fala da salvação universal de todos os povos e não só do povo de Israel, na primeira parte da obra (Is 40,12–48,22), e da reunião de todos os povos em Sião, na segunda parte da obra (49,1–54,17). Inicia com um prólogo (Is 40,1-11) e finaliza com o epílogo (Is 55,1-13).

O Novo Êxodo[5] é um dos temas centrais do Segundo Isaías. Ele se realizará com a libertação trazida por um rei pagão, Ciro. Será novo: não uma repetição do primeiro êxodo, mas sim a sua superação. Será triunfal, sem pressa como o primeiro, e não será guiado por um homem, mas por Deus, que vencerá as dificuldades como venceu o Dragão na criação. Será uma "via gloriosa" que atravessará o deserto da Babilônia e chegará à terra de Israel. Ao longo desse trajeto florescerão plantas de todos os tipos saltarão fontes e nada murchará.

Nova será também a restauração de Sião, que será salva primeiro e se tornará o arauto entre as nações (Is 51,3-7). A Nova Sião não será uma outra Nínive ou Babilônia mas nela serão estáveis a justiça e o direito. Israel será o missionário dessa justiça (Is 42,6-7) e deverá levar a salvação a todos os povos (Is 42,10s), fazendo-os conhecer o único Deus (Is 43,11). O resto de Israel é o "servo do Senhor" (Is 44,1), raça santa de Jacó (Is 44,3) o povo do Senhor (Is 49,13), que

---

[5] Cf. Is 40,3-5.10-11; 41,17-20; 42,16; 43,2.16-21; 44,27; 48,20-22; 49,8-13; 50,2-3; 51,9-11; 52,10-12; 55,12-13.

tem a lei no coração (Is 51,7) e que espera no Senhor (Is 40,31). Por isso, as nações correrão atrás do servo para conhecer o Senhor (Is 55,5; 45,14) e farão procissões para subir a Sião (Is 49,22-23; 52,1-2); por meio de Israel chegarão à salvação (Is 42,10-13) e se submeterão ao Senhor (Is 55,1-5).

O Segundo Isaías traz os quatro cantos do servo sofredor,[6] que retratam a experiência do povo de Israel. Nela, a comunidade cristã faz a releitura da experiência de Jesus, o novo servo sofredor, e de todo aquele que se coloca no seu seguimento.

Salmos 42; 43; 69; 70; 137: a saudade de Deus torna-se oração

Os salmos eram a oração do povo, tanto dos que ficaram na terra de Judá como daqueles que foram deportados. Esses salmos parecem retratar a experiência do povo que foi para o exílio. Os salmos 42 e 43 mostram a saudade do fiel "que vive exilado longe do Senhor", longe do santuário onde Deus mora e longe das festas que reúnem seu povo. Os salmos 42-43 e o 69-70 são de oração individual. O fiel invoca o nome do Senhor, expõe sua situação, suplica e espera, confiante de ser atendido. O salmo 69 reúne duas lamentações, cada uma formada por uma queixa e uma prece. A primeira (vv. 2-7 e 14-16) fala do tema da água infernal e dos inimigos. A segunda (vv. 8-13 e 17-30) fala do grito de angústia do fiel vítima do próprio zelo. O salmo termina com um hino de caráter nacionalista (vv. 31-37). O salmo 70 igualmente lança um grito de angústia porque o fiel sente-se "pobre e indigente": "ó Deus, vem depressa! Tu és meu auxílio e minha salvação: Senhor, não demores!".

O salmo 137 evoca a queda de Jerusalém em 587 a.E.C. e o exílio na Babilônia. Recorda na dor os fatos vividos quando os caldeus abriram a brecha nos muros de Jerusalém, a invasão dos edomitas e a ação arrasadora da Babilônia. Enquanto se lembra ao mesmo tempo com saudades de Sião, e deseja vingança dos inimigos.

Conclusão

O exílio marcou profundamente o povo de Israel, embora sua duração fosse relativamente pequena. De 587 a 538 a.E.C., Israel não

---

Cantos do Servo Sofredor: Is 42,1-9; 49,1-9; 50,4-11; 52,13–53,12.

Visão Global 8

conhecerá mais a independência. O reino do Norte já havia desaparecido em 722 a.E.C. com a destruição da capital, Samaria. E a maior parte da população dispersou-se entre outros povos dominados pela Assíria. O reino do Sul também terminará tragicamente em 587 a.E.C. com a destruição da capital Jerusalém, e parte da população será deportada para a Babilônia.

Tanto os que permaneceram em Judá como os que partiram para o exílio carregaram a imagem de uma cidade destruída e das instituições desfeitas: o Templo, o culto, a monarquia, a classe sacerdotal. Uns e outros, de forma diversa, viveram a experiência da dor, da saudade, da indignação, e a consciência de culpa pela catástrofe que se abateu sobre o reino de Judá.

Os escritos que surgiram em Judá no período do exílio revelam a intensidade do sofrimento e da desolação que o povo viveu. São os livros de: Lamentações, Jeremias e Abdias. Os exilados na Babilônia igualmente recordaram na dor o que viveram: "À beira dos canais de Babilônia nos sentamos, e choramos com saudades de Sião; nos salgueiros que ali estavam penduramos nossas harpas. Lá, os que nos exilaram pediam canções, nossos raptores queriam alegria: 'Cantai-nos um canto de Sião!' Como poderíamos cantar um canto do Senhor numa terra estrangeira?" (Sl 137).

A experiência foi vivida pelos que ficaram e pelos que saíram, como provação, castigo e reconhecimento da própria infidelidade à aliança com Deus. Pouco a pouco foram retomando a confiança em Deus que pode salvar o seu povo e os conduzirá nesse Novo Êxodo de volta a Sião, conforme afirma o Segundo Isaías. Deus novamente devolverá a terra ao povo como a deu no passado (Ez 48). De fato no Segundo Isaías já se entrevê a libertação do povo que virá por meio de Ciro, rei da Pérsia. Ele será o novo dominador não só de Judá e Israel, mas de todo o Oriente. Ciro será, de fato, o "ungido", o salvador do povo de Judá e dos exilados? É o que veremos no próximo estudo.

Deus fará das ruínas um jardim: escritos do exílio na Babilônia

Linha do tempo: período do exílio na babilônia – 587-538 a.E.C.[7]		
Império	Babilônia	
Anos	587/6	
Período	Exílio em Judá	Exílio na Babilônia
Personagens não bíblicos	Nabucodonosor (605-562)	(Buda)
Personagens bíblicos	Jeremias, Godolias, Cantores	Sacerdotes, Ezequiel, Segundo Isaías
Realidade, problemas e situação do povo	• Destruição de Jerusalém (587/6) • 2ª deportação: classe dirigente. • Distribuição de terras aos que ficaram. • Agricultores tribalizados. • Revisão. • Novo Davi.	• Trabalho no campo. • Vivem em comunidades. • Crise de identidade. • Centram a vida em: assembleias, sábado, circuncisão. • Explicação teológica do desastre. • Dor purificadora. • Nova Aliança.
Escritos bíblicos da época	Deuteronomista (D) Josué – Juízes – Samuel – Reis Jeremias – Lamentações – Abdias Releitura dos profetas	Sacerdotal (P) Lv 8–10; 17–26 Ezequiel Segundo Isaías (40–55) Sl 42; 43; 69; 70; 137
Escritos bíblicos sobre a época	Jeremias – Lamentações - Abdias Sl 79; 89; 39-52	2Rs 24 Is 40–55 Ez 1–24; 33–39

Reproduzido de: "História do povo de Deus: linha do tempo", em CRB, *A formação do povo de Deus*, apêndice 5 (São Paulo, Loyola, 1990, coleção Tua palavra é vida).

Roteiro para o estudo do tema

1. Oração inicial
Conforme a criatividade do grupo.

2. Mutirão da memória
Compor a síntese do conteúdo já lido por todos no subsídio. Caso as pessoas não tenham o subsídio, ficará a cargo do(a) líder expor a síntese.

Recurso visual
No centro do grupo, montar uma parede em ruínas, com pedras e tijolos. No meio das ruínas, espalhar os vasos de plantas, formando um jardim.

3. Partilha afetiva
Em grupos ou em plenário, dialogar:
- Já vivemos alguma situação em que parecia que tudo estava em ruínas?
- Sentimos a fidelidade de Deus naquela situação?

4. Sintonia com a Bíblia
Ler Is 51,1-3.

O Segundo Isaías mantém viva a fé dos exilados na fidelidade de Deus. Ela transformará as ruínas do povo em um jardim.

Diálogo de síntese
- Quais são as flores e plantas que hoje nos mostram que o amor de Deus é fiel?

Subsídios de apoio

Bibliografia utilizada

AHARONI, Y; AVI YONAH, M. *Atlante della Bibbia*. Casale Monteferrato, Piemme, 1987. 110 p.

BASSEGGIO, L. *O quadro migratório do Brasil*. In: *Estudos e Relexões da CNBB*. Conjuntura Social e Documentação, Eclesial, n. 323 (Disponível no site: <http://www.cnbb.org.br>.)

CORTESE, E. *Da Moisé a Esdra*; i libri storici Del Antico Testamento. Bologna, Dohoniane, 1985. pp. 147-153.

FOHRER, G. *História da religião de Israel*. São Paulo, Paulus 1987. pp. 381-389.

MIZZOTTI, J; Marchand, G. *História de Israel*: El exílio y La reconstrucion. Lima, Belido, 1993. pp. 66-68.

MONLOUBOU, L. "Sarcedotale" (Documento). In: *Dizionario blibico storico/critico*. Roma, Borla, 1987. pp. 860-861.

MONLOUBOU, L; BUTT, F,M. Samuelle (Libri di). In: *Dizionario blibico storico/critico*. Roma, Borla, 1987. pp. 886-888. (Ed. brasileira: Dicionário Bíblico Universal, Aparecida/ Petrópolis, Santuário/ Vozes, 1997).

RAVASI, G. Deuteronômio. In: RUSSANO, P.; RAVASI, G.; GIRLANDA, A. *Nuovo dizionario di teologia biblica*. 2. ed. Torino, Paoline, 1988. pp: 391-397.

SOGGIN, J. *A Storia d'Israele*. Bescia, Paideia, 1984. pp. 349-385.

Bibliografia de apoio

AUTH, R; DUQUE, M.A. *O estudo da Bíblia em dinâmicas*: aprofundamento da Visão Global da Bíblia. São Paulo, Paulinas, 2011. pp. 159-171.

BALANCIN, E.M. *História do povo de Deus*. São Paulo, Paulus, 1990.

BRIGHT, J. *História de Israel*. São Paulo, Paulus, 2003. 638p.

DONNER, H. *História de Israel e os povos vizinhos*. Petrópolis, Sinodal/ Vozes, 2006. v.2. 535p.

KONINGS, J. *A Bíblia nas suas origens e hoje*. Petrópolis, Vozes, 1999.

SANCHEZ, T.P. *Deus, humanidade, messianismo*. São Paulo, Paulinas, 1996.

SCHWANTES, M. *Sofrimento e esperança no exílio*. São Paulo, Paulinas, 2007.

SIGRE, J.L. *De Davi ao Messias. Petrópolis*, Vozes, 2000. pp. 177-278.

Recursos Visuais

CASTRO, José Flávio Morais. *Transparências bíblicas de mapas e temas bíblicos para retroprojetor*. São Paulo, Paulinas, 2001.

Sumário

APRESENTAÇÃO 5

METODOLOGIA 7

   Motivação 7
   Sintonia integral com a Bíblia 7
   Pressupostos da metodologia integral 8
   Recursos metodológicos 9
   Roteiro para o estudo dos temas 10
   Cursos de capacitação de agentes para a pastoral bíblica 10

INTRODUÇÃO 11

1º TEMA – MIGRANTE E EXILADO: O POVO SOFRE DE SAUDADE DE DEUS 13

   Retomando o caminho feito 14
   Exílios forçados 15
   Migrantes exilados na própria pátria 16
   A potência babilônica destrói o reino de Judá 17
   A política da Babilônia era menos violenta do que a da Assíria....................20
   Roteiro para o estudo do tema 21

2º TEMA – NA ANGÚSTIA DA DESTRUIÇÃO, SURGE A
ESPERANÇA DE SOBREVIVER NA TERRA 23

   Na angústia da destruição, surge a esperança de sobreviver na terra 24
   Da crise de fé a uma vida nova 25
   O "resto eleito": um broto no tronco seco 27
   Roteiro para o estudo do tema 29

3º TEMA – IDENTIDADE DE ISRAEL: O AMOR À TORAH 31

   Mesmo exilado, o povo de Deus prosperou e cresceu....................................32
   A saudade de Deus alimentava a fé e a esperança 33
   Identidade de Israel: o amor à Torá de Moisés 34
   Roteiro para o estudo do tema 37

4º TEMA – A BÍBLIA NASCEU DO OLHAR ILUMINADO SOBRE A HISTÓRIA 39

   Escritos bíblicos da época, em Judá 40
   Tradição Deuteronomista: a certeza de que Deus é fiel 40
   Jeremias: escritor por vontade de Deus 46
   Abdias: o amor apaixonado por Sião 48
   Lamentações: a dor do abandono e da destruição 48
   Releitura dos profetas: uma lanterna nas mãos dos exilados 48
   Roteiro para o estudo do tema 50

5º TEMA – DEUS FARÁ DAS RUÍNAS UM JARDIM: ESCRITOS DO EXÍLIO NA BABILÔNIA 51

Tradição Sacerdotal: os sacerdotes animam a comunidade que sofre 52
Levítico (8–10; 17–26): o convite à santidade 53
Ezequiel: a certeza de que Deus é forte 54
Segundo Isaías (40–55): um caminho florido no deserto 55
Salmos 42; 43; 69; 70; 137: a saudade de Deus torna-se oração 57
Conclusão 57
Roteiro para o estudo do tema 60

SUBSÍDIOS DE APOIO 61

Rua Dona Inácia Uchoa, 62
04110-020 – São Paulo – SP (Brasil)
Tel.: (11) 2125-3500
http://www.paulinas.com.br – editora@paulinas.com.br
Telemarketing e SAC: 0800-7010081